Travel phrasebooks co...
«Everything Will Be O...

PHRASEBOOK

— FINNISH —

THE MOST IMPORTANT PHRASES

This phrasebook contains
the most important
phrases and questions
for basic communication
Everything you need
to survive overseas

By Andrey Taranov

T&P BOOKS

Phrasebook + 1500-word dictionary

English-Finnish phrasebook & concise dictionary

By Andrey Taranov

The collection of "Everything Will Be Okay" travel phrasebooks published by T&P Books is designed for people traveling abroad for tourism and business. The phrasebooks contain what matters most - the essentials for basic communication. This is an indispensable set of phrases to "survive" while abroad.

Another section of the book also provides a small dictionary with more than 1,500 useful words arranged alphabetically. The dictionary includes a lot of gastronomic terms and will be helpful when ordering food at a restaurant or buying groceries at the store.

T&P Books Publishing
www.tpbooks.com

ISBN: 978-1-78492-442-3

This book is also available in E-book formats.
Please visit www.tpbooks.com or the major online bookstores.

FOREWORD

The collection of "Everything Will Be Okay" travel phrasebooks published by T&P Books is designed for people traveling abroad for tourism and business. The phrasebooks contain what matters most - the essentials for basic communication. This is an indispensable set of phrases to "survive" while abroad.

This phrasebook will help you in most cases where you need to ask something, get directions, find out how much something costs, etc. It can also resolve difficult communication situations where gestures just won't help.

This book contains a lot of phrases that have been grouped according to the most relevant topics. A separate section of the book also provides a small dictionary with more than 1,500 important and useful words.

Take "Everything Will Be Okay" phrasebook with you on the road and you'll have an irreplaceable traveling companion who will help you find your way out of any situation and teach you to not fear speaking with foreigners.

TABLE OF CONTENTS

T&P Books Publishing

PRONUNCIATION

Letter	Finnish example	T&P phonetic alphabet	English example
A a	Avara	[ɑ]	shorter than in park, card
B b	Bussi	[b]	baby, book
C c	C-rappu	[s]	city, boss
D d	Kadulla	[d]	day, doctor
E e	Pelto	[e]	elm, medal
F f	Filmi	[f]	face, food
G g	Jooga	[g]	game, gold
H h	Hattu	[h]	home, have
I i	Piha	[i]	shorter than in feet
J j	Juna	[j]	yes, New York
K k	Katu	[k]	clock, kiss
L l	Lapio	[l]	lace, people
M m	Muna	[m]	magic, milk
N n	Nainen	[n]	name, normal
O o	Kova	[o]	pod, John
P p	Papin	[p]	pencil, private
R r	Ruoka	[r]	rice, radio
S s	Suosio	[s]	city, boss
T t	Tapa	[t]	tourist, trip
U u	Uni	[u]	book
V v	Vaaka	[ʋ]	vase, winter
Y y	Tyttö	[y]	fuel, tuna
Z z	Fazer	[ts]	cats, tsetse fly
Ä ä	Älä	[æ]	chess, man
Ö ö	Pöllö	[ø]	eternal, church

Diphthongs

ää	Ihmetyttää	[æ:]	longer than in brand
öö	Miljardööri	[ø:]	first, thirsty
aa	Notaari	[a:]	calf, palm
ii	Poliisi	[i:]	feet, meter
oo	Koomikko	[o:]	fall, bomb

Letter	Finnish example	T&P phonetic alphabet	English example
uu	Nojapuut	[u:]	pool, room
yy	Flyygeli	[y:]	longer than fuel

LIST OF ABBREVIATIONS

English abbreviations

ab.	-	about
adj	-	adjective
adv	-	adverb
anim.	-	animate
as adj	-	attributive noun used as adjective
e.g.	-	for example
etc.	-	et cetera
fam.	-	familiar
fem.	-	feminine
form.	-	formal
inanim.	-	inanimate
masc.	-	masculine
math	-	mathematics
mil.	-	military
n	-	noun
pl	-	plural
pron.	-	pronoun
sb	-	somebody
sing.	-	singular
sth	-	something
v aux	-	auxiliary verb
vi	-	intransitive verb
vi, vt	-	intransitive, transitive verb
vt	-	transitive verb

FINNISH
PHRASEBOOK

This section contains
important phrases that may
come in handy in various
real-life situations.
The phrasebook will help
you ask for directions, clarify
a price, buy tickets, and
order food at a restaurant

T&P Books Publishing

PHRASEBOOK
CONTENTS

T&P Books Publishing

The bare minimum

Excuse me, ...	**Anteeksi, ...** [ante:ksi, ...]
Hello.	**Hei.** [hej]
Thank you.	**Kiitos.** [ki:tos]
Good bye.	**Näkemiin.** [nækemi:n]
Yes.	**Kyllä.** [kyllæ]
No.	**Ei.** [ej]
I don't know.	**En tiedä.** [en tiedæ]
Where? | Where to? | When?	**Missä? | Minne? | Milloin?** [missæ? | minne? | millojn?]

I need ...	**Tarvitsen ...** [tɑrʋitsen ...]
I want ...	**Haluan ...** [hɑluɑn ...]
Do you have ...?	**Onko sinulla ...?** [oŋko sinulla ...?]
Is there a ... here?	**Onko täällä ...?** [oŋko tæ:llæ ...?]
May I ...?	**Voinko ...?** [vojŋko ...?]
..., please (polite request)	**..., kiitos** [..., ki:tos]

I'm looking for ...	**Etsin ...** [etsin ...]
restroom	**WC** [ʋɛsɛ]
ATM	**pankkiautomaatti** [pɑŋkkiɑutomɑ:tti]
pharmacy (drugstore)	**apteekki** [ɑpte:kki]
hospital	**sairaala** [sɑjrɑ:lɑ]
police station	**poliisiasema** [poli:siɑsemɑ]
subway	**metro** [metro]

taxi	**taksi** [taksi]
train station	**rautatieasema** [rautatieasema]

My name is ...	**Nimeni on ...** [nimeni on ...]
What's your name?	**Mikä sinun nimesi on?** [mikæ sinun nimesi on?]
Could you please help me?	**Voisitko auttaa minua?** [vojsitko autta: minua?]
I've got a problem.	**Minulla on ongelma.** [minulla on oŋgelma]
I don't feel well.	**En voi hyvin.** [en ʋoj hyʋin]
Call an ambulance!	**Soita ambulanssi!** [sojta ambulanssi!]
May I make a call?	**Voisinko soittaa?** [vojsiŋko sojtta:?]

I'm sorry.	**Olen pahoillani.** [olen pahojllani]
You're welcome.	**Ole hyvä.** [ole hyʋæ]

I, me	**minä | mä** [minæ | mæ]
you (inform.)	**sinä | sä** [sinæ | sæ]
he	**hän | se** [hæn | se]
she	**hän | se** [hæn | se]
they (masc.)	**he | ne** [he | ne]
they (fem.)	**he | ne** [he | ne]
we	**me** [me]
you (pl)	**te** [te]
you (sg, form.)	**sinä** [sinæ]

ENTRANCE	**SISÄÄN** [sisæ:n]
EXIT	**ULOS** [ulos]
OUT OF ORDER	**EPÄKUNNOSSA** [epækunnossa]
CLOSED	**SULJETTU** [suljettu]

OPEN	**AVOIN** [avojn]
FOR WOMEN	**NAISILLE** [najsille]
FOR MEN	**MIEHILLE** [miehille]

Questions

Where?	**Missä?** [missæ?]
Where to?	**Mihin?** [mihin?]
Where from?	**Mistä?** [mistæ?]
Why?	**Miksi?** [miksi?]
For what reason?	**Mistä syystä?** [mistæ sy:stæ?]
When?	**Milloin?** [millojn?]

How long?	**Kuinka kauan?** [kujŋka kauan?]
At what time?	**Mihin aikaan?** [mihin ajka:n?]
How much?	**Kuinka paljon?** [kujŋka paljon?]
Do you have ...?	**Onko sinulla ...?** [oŋko sinulla ...?]
Where is ...?	**Missä on ...?** [missæ on ...?]

What time is it?	**Paljonko kello on?** [paljoŋko kello on?]
May I make a call?	**Voisinko soittaa?** [vojsiŋko sojtta:?]
Who's there?	**Kuka siellä?** [kuka siellæ?]
Can I smoke here?	**Saako täällä polttaa?** [sa:ko tæ:llæ poltta:?]
May I ...?	**Saanko ...?** [sa:ŋko ...?]

Needs

I'd like ...	**Haluaisin ...** [haluajsin ...]
I don't want ...	**En halua ...** [en halua ...]
I'm thirsty.	**Minulla on jano.** [minulla on jano]
I want to sleep.	**Haluan nukkua.** [haluan nukkua]

I want ...	**Haluan ...** [haluan ...]
to wash up	**peseytyä** [peseytyæ]
to brush my teeth	**harjata hampaani** [harjata hampa:ni]
to rest a while	**levätä vähän** [leuætæ uæhæn]
to change my clothes	**vaihtaa vaatteet** [uajhta: ua:tte:t]

to go back to the hotel	**palata takaisin hotelliin** [palata takajsin hotelli:n]
to buy ...	**ostaa ...** [osta: ...]
to go to ...	**mennä ...** [mennæ ...]
to visit ...	**käydä ...** [kæydæ ...]
to meet with ...	**tavata ...** [tauata ...]
to make a call	**soittaa ...** [sojtta: ...]

I'm tired.	**Olen väsynyt.** [olen uæsynyt]
We are tired.	**Olemme väsyneitä.** [olemme uæsynejtæ]
I'm cold.	**Minulla on kylmä.** [minulla on kylmæ]
I'm hot.	**Minulla on kuuma.** [minulla on ku:ma]
I'm OK.	**Voin hyvin.** [vojn hyuin]

I need to make a call.

Minun täytyy soittaa yksi puhelu.
[minun tæyty: sojttɑ: yksi puhelu]

I need to go to the restroom.

Minun täytyy mennä vessaan.
[minun tæyty: mennæ ʋessɑ:n]

I have to go.

Minun täytyy lähteä.
[minun tæyty: ʎæhteæ]

I have to go now.

Minun täytyy lähteä nyt.
[minun tæyty: ʎæhteæ nyt]

Asking for directions

Excuse me, ...	**Anteeksi, ...** [anteːksi, ...]
Where is ...?	**Missä on ...?** [missæ on ...?]
Which way is ...?	**Miten pääsen ...?** [miten pæːsen ...?]
Could you help me, please?	**Voisitko auttaa minua?** [vojsitko auttɑ: minuɑ?]

I'm looking for ...	**Etsin ...** [etsin ...]
I'm looking for the exit.	**Etsin uloskäyntiä.** [etsin uloskæyntiæ]
I'm going to ...	**Menen ...** [menen ...]
Am I going the right way to ...?	**Onko tämä oikea tie ...?** [oŋko tæmæ ojkeɑ tie ...?]

Is it far?	**Onko se kaukana?** [oŋko se kaukɑnɑ?]
Can I get there on foot?	**Voiko sinne kävellä?** [vojko sinne kæʋellæ?]
Can you show me on the map?	**Voitko näyttää minulle kartalta?** [vojtko næyttæ: minulle kɑrtɑltɑ?]
Show me where we are right now.	**Voitko näyttää, missä me olemme nyt.** [vojtko næyttæ:, missæ me olemme nyt]

Here	**Täällä** [tæːllæ]
There	**Siellä** [siellæ]
This way	**Tännepäin.** [tænnepæjn]

Turn right.	**Käänny oikealle.** [kæːnny ojkeɑlle]
Turn left.	**Käänny vasemmalle.** [kæːnny ʋɑsemmɑlle]
first (second, third) turn	**ensimmäinen (toinen, kolmas)** **käännös** [ensimmæjnen (tojnen, kolmɑs) kæːnnøs]
to the right	**oikealle** [ojkeɑlle]

to the left

vasemmalle
[ʋɑsemmɑlle]

Go straight.

Mene suoraan eteenpäin.
[mene suorɑːn eteːnpæjn]

Signs

WELCOME!	**TERVETULOA!** [tervetuloa!]
ENTRANCE	**SISÄÄN** [sisæ:n]
EXIT	**ULOS** [ulos]

PUSH	**TYÖNNÄ** [työnnæ]
PULL	**VEDÄ** [vedæ]
OPEN	**AVOIN** [avojn]
CLOSED	**SULJETTU** [suljettu]

FOR WOMEN	**NAISILLE** [nɑjsille]
FOR MEN	**MIEHILLE** [miehille]
MEN, GENTS	**MIEHET** [miehet]
WOMEN, LADIES	**NAISET** [nɑjset]

DISCOUNTS	**MYYNTI** [my:nti]
SALE	**ALE** [ale]
FREE	**ILMAINEN** [ilmɑjnen]
NEW!	**UUTUUS!** [u:tu:s!]
ATTENTION!	**HUOMIO!** [huomio!]

NO VACANCIES	**TÄYNNÄ** [tæynnæ]
RESERVED	**VARATTU** [varattu]
ADMINISTRATION	**HALLINTOHENKILÖSTÖ** [hallintohenkilöstö]
STAFF ONLY	**VAIN HENKILÖKUNTA** [vɑjn henkilökunta]

BEWARE OF THE DOG!	**VARO KOIRAA!** [varo kojra:!]
NO SMOKING!	**TUPAKOINTI KIELLETTY!** [tupakojnti kielletty!]
DO NOT TOUCH!	**ÄLÄ KOSKE!** [æ/æ koske!]
DANGEROUS	**VAARALLINEN** [va:rallinen]
DANGER	**VAARA** [va:ra]
HIGH VOLTAGE	**KORKEAJÄNNITE** [korkeajænnite]
NO SWIMMING!	**UIMINEN KIELLETTY!** [ujminen kielletty!]

OUT OF ORDER	**EPÄKUNNOSSA** [epækunnossa]
FLAMMABLE	**HELPOSTI SYTTYVÄ** [helposti syttyvæ]
FORBIDDEN	**KIELLETTY** [kielletty]
NO TRESPASSING!	**LÄPIKULKU KIELLETTY** [llæpikulku kielletty]
WET PAINT	**VASTAMAALATTU** [vastama:lattu]

CLOSED FOR RENOVATIONS	**SULJETTU REMONTIN VUOKSI** [suljettu remontin vuoksi]
WORKS AHEAD	**TIETYÖ** [tietyö]
DETOUR	**KIERTOTIE** [kiertotie]

Transportation. General phrases

plane	**lentokone** [lentokone]
train	**juna** [juna]
bus	**bussi** [bussi]
ferry	**lautta** [lautta]
taxi	**taksi** [taksi]
car	**auto** [auto]

schedule	**aikataulu** [ajkataulu]
Where can I see the schedule?	**Missä voisin nähdä aikataulun?** [missæ uojsin næhdæ ajkataulun?]
workdays (weekdays)	**arkipäivät** [arkipæjuæt]
weekends	**viikonloput** [ui:konloput]
holidays	**pyhäpäivät** [pyhæpæjuæt]

DEPARTURE	**LÄHTEVÄT** [ʎæhtevæt]
ARRIVAL	**SAAPUVAT** [sa:puvat]
DELAYED	**MYÖHÄSSÄ** [myöhæssæ]
CANCELED	**PERUUTETTU** [peru:tettu]

next (train, etc.)	**seuraava** [seura:ua]
first	**ensimmäinen** [ensimmæjnen]
last	**viimeinen** [ui:mejnen]

When is the next ...?	**Milloin on seuraava ...?** [millojn on seura:ua ...?]
When is the first ...?	**Milloin on ensimmäinen ...?** [millojn on ensimmæjnen ...?]

When is the last ...?

Milloin on viimeinen ...?
[millojn on ʋiːmejnen ...?]

transfer (change of trains, etc.)

vaihto
[ʋɑjhto]

to make a transfer

vaihtaa
[ʋɑjhtɑː]

Do I need to make a transfer?

Täytyykö minun tehdä vaihto?
[tæytyːkø minun tehdæ ʋɑjhto?]

Buying tickets

Where can I buy tickets?	**Mistä voin ostaa lippuja?** [mistæ ʋojn osta: lippujɑ?]
ticket	**lippu** [lippu]
to buy a ticket	**ostaa lippu** [osta: lippu]
ticket price	**lipun hinta** [lipun hinta]

Where to?	**Mihin?** [mihin?]
To what station?	**Mille asemalle?** [mille asemalle?]
I need ...	**Tarvitsen ...** [taɾʋitsen ...]
one ticket	**yhden lipun** [yhden lipun]
two tickets	**kaksi lippua** [kaksi lippua]
three tickets	**kolme lippua** [kolme lippua]

one-way	**menolippu** [menolippu]
round-trip	**menopaluu** [menopalu:]
first class	**ensimmäinen luokka** [ensimmæjnen luokka]
second class	**toinen luokka** [tojnen luokka]

today	**tänään** [tænæ:n]
tomorrow	**huomenna** [huomenna]
the day after tomorrow	**ylihuomenna** [ylihuomenna]
in the morning	**aamulla** [a:mulla]
in the afternoon	**iltapäivällä** [iltapæjʋællæ]
in the evening	**illalla** [illalla]

aisle seat

käytäväpaikka
[kæytæuæpajkka]

window seat

ikkunapaikka
[ikkunapajkka]

How much?

Kuinka paljon?
[kujŋka paljon?]

Can I pay by credit card?

Voinko maksaa luottokortilla?
[vojŋko maksa: luottokortilla?]

Bus

bus	**bussi** [bussi]
intercity bus	**linja-auto** [linjɑ-ɑuto]
bus stop	**bussipysäkki** [bussipysækki]
Where's the nearest bus stop?	**Missä on lähin bussipysäkki?** [missæ on ʎæhin bussipysækki?]

number (bus ~, etc.)	**numero** [numero]
Which bus do I take to get to ...?	**Millä bussilla pääsen ...?** [millæ bussillɑ pæ:sen ...?]
Does this bus go to ...?	**Meneekö tämä bussi ...?** [mene:kø tæmæ bussi ...?]
How frequent are the buses?	**Kuinka usein bussit kulkevat?** [kujŋkɑ usejn bussit kulkeuɑt?]

every 15 minutes	**viidentoista minuutin välein** [ʋi:dentojstɑ minu:tin ʋælejn]
every half hour	**puolen tunnin välein** [puolen tunnin ʋælejn]
every hour	**joka tunti** [jokɑ tunti]
several times a day	**useita kertoja päivässä** [usejtɑ kertojɑ pæjuæssæ]
... times a day	**... kertaa päivässä** [... kertɑ: pæjuæssæ]

schedule	**aikataulu** [ɑjkɑtɑulu]
Where can I see the schedule?	**Missä voisin nähdä aikataulun?** [missæ uojsin næhdæ ɑjkɑtɑulun?]
When is the next bus?	**Milloin seuraava bussi menee?** [millojn seurɑ:uɑ bussi mene:?]
When is the first bus?	**Milloin ensimmäinen bussi menee?** [millojn ensimmæjnen bussi mene:?]
When is the last bus?	**Milloin viimeinen bussi menee?** [millojn ʋi:mejnen bussi mene:?]

stop	**pysäkki** [pysækki]
next stop	**seuraava pysäkki** [seurɑ:uɑ pysækki]

last stop (terminus)

päätepysäkki
[pæ:tepysækki]

Stop here, please.

Pysähdy tähän, kiitos.
[pysæhdy tæhæn, ki:tos]

Excuse me, this is my stop.

Anteeksi, jään pois tässä.
[ante:ksi, jæ:n pojs tæssæ]

Train

train	**juna** [juna]
suburban train	**lähijuna** [ʎæhijuna]
long-distance train	**kaukojuna** [kaukojuna]
train station	**rautatieasema** [rautatieasema]
Excuse me, where is the exit to the platform?	**Anteeksi, mistä pääsen laiturille?** [ante:ksi, mistæ pæ:sen lajturille?]
Does this train go to …?	**Meneekö tämä juna …?** [mene:kø tæmæ juna …?]
next train	**seuraava juna** [seura:ʋa juna]
When is the next train?	**Milloin seuraava juna lähtee?** [millojn seura:ʋa juna llæhte:?]
Where can I see the schedule?	**Missä voisin nähdä aikataulun?** [missæ ʋojsin næhdæ ajkataulun?]
From which platform?	**Miltä laiturilta?** [miltæ lajturilta?]
When does the train arrive in …?	**Milloin juna saapuu …?** [millojn juna sa:pu: …?]
Please help me.	**Auttaisitko minua, kiitos.** [auttajsitko minua, ki:tos]
I'm looking for my seat.	**Etsin paikkaani.** [etsin pajkka:ni]
We're looking for our seats.	**Etsimme paikkojamme.** [etsimme pajkkojamme]
My seat is taken.	**Paikkani on varattu.** [pajkkani on ʋarattu]
Our seats are taken.	**Paikkamme ovat varattuja.** [pajkkamme oʋat ʋarattuja]
I'm sorry but this is my seat.	**Olen pahoillani, mutta tämä on minun paikkani.** [olen pahojllani, mutta tæmæ on minun pajkkani]
Is this seat taken?	**Onko tämä paikka varattu?** [oŋko tæmæ pajkka ʋarattu?]
May I sit here?	**Voinko istua tähän?** [vojŋko istua tæhæn?]

On the train. Dialogue (No ticket)

Ticket, please.

Lippunne, kiitos.
[lippunne, ki:tos]

I don't have a ticket.

Minulla ei ole lippua.
[minulla ej ole lippua]

I lost my ticket.

Kadotin lippuni.
[kadotin lippuni]

I forgot my ticket at home.

Unohdin lippuni kotiin.
[unohdin lippuni koti:n]

You can buy a ticket from me.

Voit ostaa lipun minulta.
[vojt osta: lipun minulta]

You will also have to pay a fine.

Sinun täytyy maksaa myös sakko.
[sinun tæyty: maksa: myøs sakko]

Okay.

Hyvä on.
[hyuæ on]

Where are you going?

Minne olet menossa?
[minne olet menossa?]

I'm going to ...

Menen ...
[menen ...]

How much? I don't understand.

Kuinka paljon? En ymmärrä.
[kujŋka paljon? en ymmærræ]

Write it down, please.

Voisitko kirjoittaa sen.
[vojsitko kirjojtta: sen]

Okay. Can I pay with a credit card?

Hyvä on.
Voinko maksaa luottokortilla?
[hyuæ on vojŋko maksa: luottokortilla?]

Yes, you can.

Kyllä voit.
[kyllæ uojt]

Here's your receipt.

Tässä on kuittinne.
[tæssæ on kujttinne]

Sorry about the fine.

Olen pahoillani sakosta.
[olen pahojllani sakosta]

That's okay. It was my fault.

Ei hätää. Se oli minun vikani.
[ej hætæ:. se oli minun uikani]

Enjoy your trip.

Mukavaa matkaa.
[mukaua: matka:]

Taxi

taxi	**taksi** [taksi]
taxi driver	**taksinkuljettaja** [taksiŋkuljettaja]
to catch a taxi	**ottaa taksi** [otta: taksi]
taxi stand	**taksipysäkki** [taksipysækki]
Where can I get a taxi?	**Mistä voin saada taksin?** [mistæ ʋojn sɑ:dɑ taksin?]

to call a taxi	**soittaa taksi** [sojtta: taksi]
I need a taxi.	**Tarvitsen taksin.** [tarʋitsen taksin]
Right now.	**Juuri nyt.** [ju:ri nyt]
What is your address (location)?	**Mikä on osoitteesi?** [mikæ on osojtte:si?]
My address is ...	**Osoitteeni on ...** [osojtte:ni on ...]
Your destination?	**Mihin olet menossa?** [mihin olet menossɑ?]

Excuse me, ...	**Anteeksi, ...** [ante:ksi, ...]
Are you available?	**Oletko vapaa?** [oletko ʋapɑ:?]
How much is it to get to ...?	**Kuinka paljon maksaa mennä ...?** [kujŋka paljon maksɑ: mennæ ...?]
Do you know where it is?	**Tiedätkö, missä se on?** [tiedætkø, missæ se on?]
Airport, please.	**Lentokentälle, kiitos.** [lentokentælle, ki:tos]
Stop here, please.	**Pysähdy tähän, kiitos.** [pysæhdy tæhæn, ki:tos]
It's not here.	**Se ei ole täällä.** [se ej ole tæ:llæ]
This is the wrong address.	**Tämä on väärä osoite.** [tæmæ on ʋæ:ræ osojte]
Turn left.	**Käänny vasemmalle.** [kæ:nny ʋasemmalle]
Turn right.	**Käänny oikealle.** [kæ:nny ojkealle]

How much do I owe you?	**Kuinka paljon olen velkaa?** [kujŋka paljon olen velka:?]
I'd like a receipt, please.	**Voisinko saada kuitin.** [vojsiŋko sa:da kujtin]
Keep the change.	**Voit pitää vaihtorahat.** [vojt pitæ: vajhtorahat]

Would you please wait for me?	**Odottaisitko minua?** [odottajsitko minua?]
five minutes	**viisi minuuttia** [vi:si minu:ttia]
ten minutes	**kymmenen minuuttia** [kymmenen minu:ttia]
fifteen minutes	**viisitoista minuuttia** [vi:sitojsta minu:ttia]
twenty minutes	**kaksikymmentä minuuttia** [kaksikymmentæ minu:ttia]
half an hour	**puoli tuntia** [puoli tuntia]

Hotel

Hello.	**Hei.** [hej]
My name is ...	**Nimeni on ...** [nimeni on ...]
I have a reservation.	**Minulla on varaus.** [minulla on ʋaraus]

I need ...	**Tarvitsen ...** [tarʋitsen ...]
a single room	**yhden hengen huoneen** [yhden heŋgen huone:n]
a double room	**kahden hengen huoneen** [kahden heŋgen huone:n]
How much is that?	**Kuinka paljon se maksaa?** [kujŋka paljon se maksɑ:?]
That's a bit expensive.	**Se on aika kallis.** [se on ajka kallis]

Do you have any other options?	**Onko muita vaihtoehtoja?** [oŋko mujta ʋajhtoehtoja?]
I'll take it.	**Otan sen.** [otan sen]
I'll pay in cash.	**Maksan käteisellä.** [maksan kætejsellæ]

I've got a problem.	**Minulla on ongelma.** [minulla on oŋgelma]
My ... is broken.	**Minun ... on rikki.** [minun ... on rikki]
My ... is out of order.	**Minun ... on epäkunnossa.** [minun ... on epækunnossa]
TV	**TV** [tɛʋɛ]
air conditioning	**ilmastointi** [ilmastojnti]
tap	**hana** [hana]

shower	**suihku** [sujhku]
sink	**allas** [allas]
safe	**kassakaappi** [kassaka:ppi]

door lock	**oven lukko** [oʋen lukko]
electrical outlet	**sähköpistorasia** [sæhkøpistorasia]
hairdryer	**hiustenkuivaaja** [hiusteŋkujʋaːja]

I don't have ...	**Huoneessani ei ole ...** [huone:ssani ej ole ...]
water	**vettä** [ʋettæ]
light	**valoa** [ʋaloa]
electricity	**sähköä** [sæhkøæ]

Can you give me ...?	**Voisitko antaa minulle ...?** [vojsitko anta: minulle ...?]
a towel	**pyyhkeen** [py:hke:n]
a blanket	**peitteen** [pejtte:n]
slippers	**aamutossut** [a:mutossut]
a robe	**aamutakin** [a:mutakin]
shampoo	**sampoo** [sampo:]
soap	**saippuan** [sajppuan]

I'd like to change rooms.	**Haluaisin vaihtaa huonetta.** [haluajsin ʋajhta: huonetta]
I can't find my key.	**En löydä avaintani.** [en løydæ aʋajntani]
Could you open my room, please?	**Voisitko avata huoneeni oven?** [vojsitko aʋata huone:ni oʋen?]
Who's there?	**Kuka siellä?** [kuka siellæ?]
Come in!	**Tule sisään!** [tule sisæ:n!]
Just a minute!	**Hetki vain!** [hetki ʋajn!]
Not right now, please.	**Ei juuri nyt, kiitos.** [ej ju:ri nyt, ki:tos]

Come to my room, please.	**Voisitko tulla huoneeseeni.** [vojsitko tulla huone:se:ni]
I'd like to order food service.	**Haluaisin tilata huonepalvelusta.** [haluajsin tilata huonepalʋelusta]
My room number is ...	**Huoneeni numero on ...** [huone:ni numero on ...]

I'm leaving …	**Olen lähdössä …** [olen ʎæhdøssæ …]
We're leaving …	**Olemme lähdössä …** [olemme ʎæhdøssæ …]
right now	**juuri nyt** [juːri nyt]
this afternoon	**tänä iltapäivänä** [tænæ iltapæjuænæ]
tonight	**tänä iltana** [tænæ iltana]
tomorrow	**huomenna** [huomenna]
tomorrow morning	**huomenaamuna** [huomenaːmuna]
tomorrow evening	**huomenillalla** [huomenillalla]
the day after tomorrow	**ylihuomenna** [ylihuomenna]

I'd like to pay.	**Haluaisin maksaa.** [haluajsin maksaː]
Everything was wonderful.	**Kaikki oli mahtavaa.** [kajkki oli mahtavaː]
Where can I get a taxi?	**Mistä voin saada taksin?** [mistæ uojn saːda taksin?]
Would you call a taxi for me, please?	**Voisitko soittaa minulle taksin, kiitos?** [vojsitko sojttaː minulle taksin, kiːtos?]

Restaurant

Can I look at the menu, please?

Saisinko katsoa ruokalistaa, kiitos?
[sɑjsiŋko kɑtsoɑ ruokɑlistɑ:, ki:tos?]

Table for one.

Pöytä yhdelle.
[pøytæ yhdelle]

There are two (three, four) of us.

Meitä on kaksi (kolme, neljä).
[mejtæ on kɑksi (kolme, neljæ)]

Smoking

Tupakointi
[tupɑkojnti]

No smoking

Tupakointi kielletty
[tupɑkojnti kielletty]

Excuse me! (addressing a waiter)

Anteeksi!
[ante:ksi!]

menu

ruokalista
[ruokɑlistɑ]

wine list

viinilista
[ʋi:nilistɑ]

The menu, please.

Ruokalista, kiitos.
[ruokɑlistɑ, ki:tos]

Are you ready to order?

Oletteko valmis tilaamaan?
[oletteko ʋɑlmis tilɑ:mɑ:n?]

What will you have?

Mitä haluaisitte?
[mitæ hɑluɑjsitte?]

I'll have ...

Otan ...
[otɑn ...]

I'm a vegetarian.

Olen kasvissyöjä.
[olen kɑsʋissyøjæ]

meat

liha
[lihɑ]

fish

kala
[kɑlɑ]

vegetables

vihannekset
[ʋihɑnnekset]

Do you have vegetarian dishes?

Onko teillä kasvisruokaa?
[oŋko tejllæ kɑsʋisruokɑ:?]

I don't eat pork.

En syö sianlihaa.
[en syø siɑnlihɑ:]

He /she/ doesn't eat meat.

Hän ei syö lihaa.
[hæn ej syø lihɑ:]

I am allergic to ...

Olen allerginen ...
[olen ɑllerginen ...]

Would you please bring me ...

Toisitteko minulle ...
[tojsitteko minulle ...]

salt | pepper | sugar

suola | pippuri | sokeri
[suola | pippuri | sokeri]

coffee | tea | dessert

kahvi | tee | jälkiruoka
[kahui | te: | jælkiruoka]

water | sparkling | plain

vesi | hiilihapollinen | tavallinen
[uesi | hi:lihapollinen | tauallinen]

a spoon | fork | knife

lusikka | haarukka | veitsi
[lusikka | ha:rukka | uejtsi]

a plate | napkin

lautanen | lautasliina
[lautanen | lautasli:na]

Enjoy your meal!

Hyvää ruokahalua!
[hyuæ: ruokahalua!]

One more, please.

Toinen samanlainen, kiitos.
[tojnen samanlajnen, ki:tos]

It was very delicious.

Se oli todella herkullista.
[se oli todella herkullista]

---

check | change | tip

lasku | vaihtoraha | tippi
[lasku | uajhtoraha | tippi]

Check, please.
(Could I have the check, please?)

Lasku, kiitos.
[lasku, ki:tos]

Can I pay by credit card?

Voinko maksaa luottokortilla?
[vojŋko maksa: luottokortilla?]

I'm sorry, there's a mistake here.

Olen pahoillani, mutta tässä on virhe.
[olen pahojllani, mutta tæssæ on uirhe]

Shopping

Can I help you?	**Voinko auttaa?** [vojŋko auttɑ:?]
Do you have ...?	**Onko teillä ...?** [oŋko tejllæ ...?]
I'm looking for ...	**Etsin ...** [etsin ...]
I need ...	**Tarvitsen ...** [tɑrʋitsen ...]
I'm just looking.	**Katselen vain.** [kɑtselen ʋɑjn]
We're just looking.	**Katselemme vain.** [kɑtselemme ʋɑjn]
I'll come back later.	**Palaan takaisin myöhemmin.** [pɑlɑ:n tɑkɑjsin myøhemmin]
We'll come back later.	**Palaamme takaisin myöhemmin.** [pɑlɑ:mme tɑkɑjsin myøhemmin]
discounts | sale	**alennukset | ale** [ɑlennukset | ɑle]
Would you please show me ...	**Näyttäisitkö minulle ...** [næyttæjsitkø minulle ...]
Would you please give me ...	**Antaisitko minulle ...** [ɑntɑjsitko minulle ...]
Can I try it on?	**Voinko kokeilla tätä?** [vojŋko kokejllɑ tætæ?]
Excuse me, where's the fitting room?	**Anteeksi, missä on sovituskoppi?** [ante:ksi, missæ on soʋituskoppi?]
Which color would you like?	**Minkä värisen haluaisitte?** [miŋkæ ʋærisen hɑluɑjsitte?]
size | length	**koko | pituus** [koko | pitu:s]
How does it fit?	**Kuinka tämä istuu?** [kujŋkɑ tæmæ istu:?]
How much is it?	**Kuinka paljon se maksaa?** [kujŋkɑ pɑljon se mɑksɑ:?]
That's too expensive.	**Se on liian kallis.** [se on li:ɑn kɑllis]
I'll take it.	**Otan sen.** [otɑn sen]
Excuse me, where do I pay?	**Anteeksi, missä voin maksaa?** [ante:ksi, missæ ʋojn mɑksɑ:?]

Will you pay in cash or credit card?

**Maksatteko käteisellä
vai luottokortilla?**
[mɑksɑtteko kætejsellæ
ʋɑj luottokortillɑ?]

In cash | with credit card

Käteisellä | luottokortilla
[kætejsellæ | luottokortillɑ]

Do you want the receipt?

Haluaisitteko kuitin?
[hɑluɑjsitteko kujtin?]

Yes, please.

Kyllä kiitos.
[kyllæ ki:tos]

No, it's OK.

Ei, en halua.
[ej, en hɑluɑ]

Thank you. Have a nice day!

Kiitos. Mukavaa päivää!
[ki:tos. mukɑʋɑ: pæjʋæ:!]

In town

Excuse me, please.	**Anteeksi.** [ante:ksi]
I'm looking for ...	**Etsin ...** [etsin ...]
the subway	**metro** [metro]
my hotel	**hotellini** [hotellini]
the movie theater	**elokuvateatteri** [elokuʋateatteri]
a taxi stand	**taksipysäkki** [taksipysækki]

an ATM	**pankkiautomaatti** [paŋkkiautoma:tti]
a foreign exchange office	**valuutanvaihtopiste** [ʋalu:tanʋajhtopiste]
an internet café	**Internet-kahvila** [internet-kahʋila]
... street	**... katu** [... katu]
this place	**tämä paikka** [tæmæ pajkka]

Do you know where ... is?	**Tiedättekö, missä on ...?** [tiedættekø, missæ on ...?]
Which street is this?	**Mikä katu tämä on?** [mikæ katu tæmæ on?]
Show me where we are right now.	**Voisitteko näyttää minulle, missä me olemme nyt.** [ʋojsitteko næyttæ: minulle, missæ me olemme nyt]
Can I get there on foot?	**Voiko sinne kävellä?** [ʋojko sinne kæʋellæ?]
Do you have a map of the city?	**Onko teillä kaupungin karttaa?** [oŋko tejllæ kaupuŋgin kartta:?]

How much is a ticket to get in?	**Kuinka paljon pääsylippu maksaa?** [kujŋka paljon pæ:sylippu maksa:?]
Can I take pictures here?	**Voinko ottaa täällä kuvia?** [ʋojŋko otta: tæ:llæ kuʋia?]
Are you open?	**Oletteko auki?** [oletteko auki?]

When do you open?

Milloin aukeatte?
[millojn aukeatte?]

When do you close?

Milloin menette kiinni?
[millojn menette ki:nni?]

Money

money	**raha** [raha]
cash	**käteinen** [kætejnen]
paper money	**setelit** [setelit]
loose change	**pikkuraha** [pikkuraha]
check | change | tip	**lasku | vaihtoraha | tippi** [lasku | vajhtoraha | tippi]
credit card	**luottokortti** [luottokortti]
wallet	**lompakko** [lompakko]
to buy	**ostaa** [osta:]
to pay	**maksaa** [maksa:]
fine	**sakko** [sakko]
free	**ilmainen** [ilmajnen]
Where can I buy ...?	**Mistä voin ostaa ...?** [mistæ vojn osta: ...?]
Is the bank open now?	**Onko pankki nyt auki?** [oŋko paŋkki nyt auki?]
When does it open?	**Milloin se aukeaa?** [millojn se aukea:?]
When does it close?	**Milloin se menee kiinni?** [millojn se mene: ki:nni?]
How much?	**Kuinka paljon?** [kujŋka paljon?]
How much is this?	**Kuinka paljon tämä maksaa?** [kujŋka paljon tæmæ maksa:?]
That's too expensive.	**Se on liian kallis.** [se on li:an kallis]
Excuse me, where do I pay?	**Anteeksi, missä voin maksaa?** [ante:ksi, missæ vojn maksa:?]
Check, please.	**Lasku, kiitos.** [lasku, ki:tos]

Can I pay by credit card?

Voinko maksaa luottokortilla?
[vojŋko maksa: luottokortilla?]

Is there an ATM here?

Onko täällä pankkiautomaattia?
[oŋko tæ:llæ paŋkkiautoma:ttia?]

I'm looking for an ATM.

Etsin pankkiautomaattia.
[etsin paŋkkiautoma:ttia]

I'm looking for a foreign exchange office.

Etsin valuutanvaihtopistettä.
[etsin ʋalu:tanʋajhtopistettæ]

I'd like to change ...

Haluaisin vaihtaa ...
[haluajsin ʋajhta: ...]

What is the exchange rate?

Mikä on vaihtokurssi?
[mikæ on ʋajhtokurssi?]

Do you need my passport?

Tarvitsetteko passini?
[tarʋitsetteko passini?]

Time

What time is it?	**Paljonko kello on?** [paljoŋko kello on?]
When?	**Milloin?** [millojn?]
At what time?	**Mihin aikaan?** [mihin ajka:n?]
now | later | after ...	**nyt | myöhemmin | jälkeen ...** [nyt | myøhemmin | jælke:n ...]

one o'clock	**kello yksi** [kello yksi]
one fifteen	**vartin yli yksi** [ʋɑrtin yli yksi]
one thirty	**puoli kaksi** [puoli kɑksi]
one forty-five	**varttia vaille kaksi** [ʋɑrttiɑ ʋɑjlle kɑksi]

one | two | three	**yksi | kaksi | kolme** [yksi | kɑksi | kolme]
four | five | six	**neljä | viisi | kuusi** [neljæ | ʋi:si | ku:si]
seven | eight | nine	**seitsemän | kahdeksan | yhdeksän** [sejtsemæn | kɑhdeksɑn | yhdeksæn]
ten | eleven | twelve	**kymmenen | yksitoista | kaksitoista** [kymmenen | yksitojstɑ | kɑksitojstɑ]

in ...	**... kuluttua** [... kuluttuɑ]
five minutes	**viiden minuutin kuluttua** [ʋi:den minu:tin kuluttuɑ]
ten minutes	**kymmenen minuutin kuluttua** [kymmenen minu:tin kuluttuɑ]
fifteen minutes	**viidentoista minuutin kuluttua** [ʋi:dentojstɑ minu:tin kuluttuɑ]
twenty minutes	**kahdenkymmenen minuutin kuluttua** [kɑhdeŋkymmenen minu:tin kuluttuɑ]

half an hour	**puolen tunnin kuluttua** [puolen tunnin kuluttuɑ]
an hour	**tunnin kuluttua** [tunnin kuluttuɑ]

in the morning	**aamulla** [ɑ:mulla]
early in the morning	**aikaisin aamulla** [ɑjkɑjsin ɑ:mulla]
this morning	**tänä aamuna** [tænæ ɑ:muna]
tomorrow morning	**huomenaamuna** [huomena:muna]

at noon	**keskipäivällä** [keskipæjʋællæ]
in the afternoon	**iltapäivällä** [iltapæjʋællæ]
in the evening	**illalla** [illalla]
tonight	**tänä iltana** [tænæ iltana]

at night	**yöllä** [yøllæ]
yesterday	**eilen** [ejlen]
today	**tänään** [tænæ:n]
tomorrow	**huomenna** [huomenna]
the day after tomorrow	**ylihuomenna** [ylihuomenna]

What day is it today?	**Mikä päivä tänään on?** [mikæ pæjʋæ tænæ:n on?]
It's ...	**Tänään on ...** [tænæ:n on ...]
Monday	**maanantai** [mɑ:nantaj]
Tuesday	**tiistai** [ti:staj]
Wednesday	**keskiviikko** [keskiʋi:kko]

Thursday	**torstai** [torstaj]
Friday	**perjantai** [perjantaj]
Saturday	**lauantai** [lauantaj]
Sunday	**sunnuntai** [sunnuntaj]

Greetings. Introductions

Hello. **Hei.**
[hej]

Pleased to meet you. **Mukava tavata.**
[mukɑʋɑ tɑʋɑtɑ]

Me too. **Samoin.**
[samojn]

I'd like you to meet ... **Saanko esitellä ...**
[sɑːŋko esitellæ ...]

Nice to meet you. **Hauska tavata.**
[hɑuskɑ tɑʋɑtɑ]

How are you? **Kuinka voit?**
[kujŋkɑ ʋojt?]

My name is ... **Nimeni on ...**
[nimeni on ...]

His name is ... **Hänen nimensä on ...**
[hænen nimensæ on ...]

Her name is ... **Hänen nimensä on ...**
[hænen nimensæ on ...]

What's your name? **Mikä sinun nimesi on?**
[mikæ sinun nimesi on?]

What's his name? **Mikä hänen nimensä on?**
[mikæ hænen nimensæ on?]

What's her name? **Mikä hänen nimensä on?**
[mikæ hænen nimensæ on?]

What's your last name? **Mikä on sukunimesi?**
[mikæ on sukunimesi?]

You can call me ... **Voit soittaa minulle ...**
[vojt sojttɑ: minulle ...]

Where are you from? **Mistä olet kotoisin?**
[mistæ olet kotojsin?]

I'm from ... **Olen ...**
[olen ...]

What do you do for a living? **Mitä teet työksesi?**
[mitæ teːt tyøksesi?]

Who is this? **Kuka tämä on?**
[kukɑ tæmæ on?]

Who is he? **Kuka hän on?**
[kukɑ hæn on?]

Who is she? **Kuka hän on?**
[kukɑ hæn on?]

Who are they? **Keitä he ovat?**
[kejtæ he oʋɑt?]

This is ...	**Tämä on ...** [tæmæ on ...]
my friend (masc.)	**ystäväni** [ystæʋæni]
my friend (fem.)	**ystäväni** [ystæʋæni]
my husband	**mieheni** [mieheni]
my wife	**vaimoni** [ʋɑjmoni]

my father	**isäni** [isæni]
my mother	**äitini** [æjtini]
my brother	**veljeni** [ʋeljeni]
my sister	**siskoni** [siskoni]
my son	**poikani** [pojkɑni]
my daughter	**tyttäreni** [tyttæreni]

This is our son.	**Tämä on poikamme.** [tæmæ on pojkɑmme]
This is our daughter.	**Tämä on tyttäremme.** [tæmæ on tyttæremme]
These are my children.	**Nämä ovat lapsiani.** [næmæ oʋɑt lɑpsiɑni]
These are our children.	**Nämä ovat lapsiamme.** [næmæ oʋɑt lɑpsiɑmme]

Farewells

Good bye!	**Näkemiin!** [nækemi:n!]
Bye! (inform.)	**Hei hei!** [hej hej!]
See you tomorrow.	**Nähdään huomenna.** [næhdæ:n huomenna]
See you soon.	**Nähdään pian.** [næhdæ:n pian]
See you at seven.	**Nähdään seitsemältä.** [næhdæ:n sejtsemæltæ]
Have fun!	**Pitäkää hauskaa!** [pitækæ: hauska:!]
Talk to you later.	**Jutellaan myöhemmin.** [jutella:n myøhemmin]
Have a nice weekend.	**Hyvää viikonloppua!** [hyuæ: ʋi:konloppua!]
Good night.	**Hyvää yötä.** [hyuæ: yøtæ]
It's time for me to go.	**Minun on aika lähteä.** [minun on ajka ʎæhteæ]
I have to go.	**Minun täytyy lähteä.** [minun tæyty: ʎæhteæ]
I will be right back.	**Tulen kohta takaisin.** [tulen kohta takajsin]
It's late.	**On myöhä.** [on myøhæ]
I have to get up early.	**Minun täytyy nousta aikaisin.** [minun tæyty: nousta ajkajsin]
I'm leaving tomorrow.	**Lähden huomenna.** [ʎæhden huomenna]
We're leaving tomorrow.	**Lähdemme huomenna.** [ʎæhdemme huomenna]
Have a nice trip!	**Hyvää matkaa!** [hyuæ: matka:!]
It was nice meeting you.	**Oli mukava tavata.** [oli mukaua tauata]
It was nice talking to you.	**Oli mukava jutella.** [oli mukaua jutella]
Thanks for everything.	**Kiitos kaikesta.** [ki:tos kajkesta]

I had a very good time.	**Minulla oli tosi hauskaa.** [minulla oli tosi hauska:]
We had a very good time.	**Meillä oli tosi hauskaa.** [mejllæ oli tosi hauska:]
It was really great.	**Se oli tosi mahtavaa.** [se oli tosi mahtaʋa:]
I'm going to miss you.	**Tulen kaipaamaan sinua.** [tulen kajpa:ma:n sinua]
We're going to miss you.	**Tulemme kaipaamaan sinua/teitä.** [tulemme kajpa:ma:n sinua/tejtæ]

Good luck!	**Onnea matkaan!** [onnea matka:n!]
Say hi to ...	**Kerro terveisiä ...** [kerro terʋejsiæ ...]

Foreign language

I don't understand.	**En ymmärrä.**
	[en ymmærræ]
Write it down, please.	**Voisitko kirjoittaa sen.**
	[vojsitko kirjojtta: sen]
Do you speak ...?	**Puhutko ...?**
	[puhutko ...?]

I speak a little bit of ...	**Puhun vähän ...**
	[puhun uæhæn ...]
English	**englantia**
	[eŋglantia]
Turkish	**turkkia**
	[turkkia]
Arabic	**arabiaa**
	[arabia:]
French	**ranskaa**
	[ranska:]

German	**saksaa**
	[saksa:]
Italian	**italiaa**
	[italia:]
Spanish	**espanjaa**
	[espanja:]
Portuguese	**portugalia**
	[portugalia]
Chinese	**kiinaa**
	[ki:na:]
Japanese	**japania**
	[japania]

Can you repeat that, please.	**Voisitko toistaa, kiitos.**
	[vojsitko tojsta:, ki:tos]
I understand.	**Ymmärrän.**
	[ymmærræn]
I don't understand.	**En ymmärrä.**
	[en ymmærræ]
Please speak more slowly.	**Voisitko puhua hitaammin.**
	[vojsitko puhua hita:mmin]

Is that correct? (Am I saying it right?)	**Onko tämä oikein?**
	[oŋko tæmæ ojkejn?]
What is this? (What does this mean?)	**Mikä tämä on?**
	[mikæ tæmæ on?]

Apologies

Excuse me, please.	**Anteeksi.** [ante:ksi]
I'm sorry.	**Olen pahoillani.** [olen pahojllani]
I'm really sorry.	**Olen todella pahoillani.** [olen todella pahojllani]
Sorry, it's my fault.	**Anteeksi, se on minun vikani.** [ante:ksi, se on minun ʋikani]
My mistake.	**Minun virheeni.** [minun ʋirhe:ni]

May I ...?	**Saanko ...?** [sɑ:ŋko ...?]
Do you mind if I ...?	**Haittaakko jos ...?** [hɑjttɑ:kko jos ...?]
It's OK.	**Se on OK.** [se on ok]
It's all right.	**Ole hyvä.** [ole hyʋæ]
Don't worry about it.	**Ei tarvitse kiittää.** [ej tɑrʋitse ki:ttæ:]

Agreement

Yes.	**Kyllä.** [kyllæ]
Yes, sure.	**Kyllä, varmasti.** [kyllæ, ʋɑrmɑsti]
OK (Good!)	**OK! Hyvä!** [ok! hyʋæ!]
Very well.	**Hyvä on.** [hyʋæ on]
Certainly!	**Totta kai!** [tottɑ kɑj!]
I agree.	**Olen samaa mieltä.** [olen sɑmɑː mieltæ]

That's correct.	**Näin se on.** [næjn se on]
That's right.	**Juuri niin.** [juːri niːn]
You're right.	**Olet oikeassa.** [olet ojkeɑssɑ]
I don't mind.	**Ei se minua haittaa.** [ej se minuɑ hɑjttɑː]
Absolutely right.	**Täysin oikein.** [tæysin ojkejn]

It's possible.	**Se on mahdollista.** [se on mɑhdollistɑ]
That's a good idea.	**Tuo on hyvä idea.** [tuo on hyʋæ ideɑ]
I can't say no.	**En voi kieltäytyä.** [en ʋoj kieltæytyæ]
I'd be happy to.	**Mielelläni.** [mielellæni]
With pleasure.	**Mielihyvin.** [mielihyʋin]

Refusal. Expressing doubt

No.

Ei.
[ej]

Certainly not.

Ei todellakaan.
[ej todellakɑ:n]

I don't agree.

En ole samaa mieltä.
[en ole samɑ: mieltæ]

I don't think so.

En usko.
[en usko]

It's not true.

Se ei ole totta.
[se ej ole totta]

You are wrong.

Olet väärässä.
[olet ʋæ:ræssæ]

I think you are wrong.

Luulen, että olet väärässä.
[lu:len, ettæ olet ʋæ:ræssæ]

I'm not sure.

En ole varma.
[en ole ʋarma]

It's impossible.

Se on mahdotonta.
[se on mahdotonta]

Nothing of the kind (sort)!

Ei mitään sellaista!
[ej mitæ:n sellajsta!]

The exact opposite.

Täysin päinvastoin.
[tæysin pæjnʋastojn]

I'm against it.

Vastustan sitä.
[ʋastustan sitæ]

I don't care.

En välitä.
[en ʋælitæ]

I have no idea.

Minulla ei ole aavistustakaan.
[minulla ej ole ɑ:ʋistustakɑ:n]

I doubt that.

Epäilen sitä.
[epæjlen sitæ]

Sorry, I can't.

Olen pahoillani, mutta en voi.
[olen pahojllani, mutta en ʋoj]

Sorry, I don't want to.

Olen pahoillani, mutta en halua.
[olen pahojllani, mutta en halua]

Thank you, but I don't need this.

Kiitos, mutta en tarvitse tätä.
[ki:tos, mutta en tarʋitse tætæ]

It's late.

Alkaa olla jo myöhä.
[alkɑ: olla jo myøhæ]

I have to get up early.

Minun täytyy nousta aikaisin.
[minun tæyty: nousta ajkajsin]

I don't feel well.

En voi hyvin.
[en ʋoj hyʋin]

Expressing gratitude

Thank you.
Kiitos.
[ki:tos]

Thank you very much.
Tuhannet kiitokset.
[tuhannet ki:tokset]

I really appreciate it.
Arvostan sitä todella.
[arvostan sitæ todella]

I'm really grateful to you.
Olen tosi kiitollinen sinulle.
[olen tosi ki:tollinen sinulle]

We are really grateful to you.
Olemme tosi kiitollisia sinulle.
[olemme tosi ki:tollisia sinulle]

Thank you for your time.
Kiitos ajastasi.
[ki:tos ajastasi]

Thanks for everything.
Kiitos kaikesta.
[ki:tos kajkesta]

Thank you for ...
Kiitos ...
[ki:tos ...]

your help
avustasi
[avustasi]

a nice time
mukavasta ajasta
[mukavasta ajasta]

a wonderful meal
ihanasta ateriasta
[ihanasta ateriasta]

a pleasant evening
mukavasta illasta
[mukavasta illasta]

a wonderful day
ihanasta päivästä
[ihanasta pæjuæstæ]

an amazing journey
mahtavasta matkasta
[mahtavasta matkasta]

Don't mention it.
Ei kestä.
[ej kestæ]

You are welcome.
Ole hyvä.
[ole hyuæ]

Any time.
Eipä kestä.
[ejpæ kestæ]

My pleasure.
Ilo on kokonaan minun puolellani.
[ilo on kokona:n minun puolellani]

Forget it. It's alright.
Unohda se.
[unohda se]

Don't worry about it.
Ei tarvitse kiittää.
[ej tarvitse ki:ttæ:]

Congratulations. Best wishes

Congratulations!	**Onnittelut!** [onnittelut!]
Happy birthday!	**Hyvää syntymäpäivää!** [hyuæ: syntymæpæjuæ:!]
Merry Christmas!	**Hyvää joulua!** [hyuæ: joulua!]
Happy New Year!	**Onnellista Uutta Vuotta!** [onnellista uutta vuotta!]

Happy Easter!	**Hyvää Pääsiäistä!** [hyuæ: pæ:siæjstæ!]
Happy Hanukkah!	**Onnellista Hanukkaa!** [onnellista hanukka:!]

I'd like to propose a toast.	**Haluaisin ehdottaa maljaa.** [haluajsin ehdotta: malja:]
Cheers!	**Kippis!** [kippis!]
Let's drink to …!	**Malja …!** [malja …!]
To our success!	**Menestykselle!** [menestykselle!]
To your success!	**Menestyksellesi!** [menestyksellesi!]

Good luck!	**Onnea matkaan!** [onnea matka:n!]
Have a nice day!	**Mukavaa päivää!** [mukaua: pæjuæ:!]
Have a good holiday!	**Mukavaa lomaa!** [mukaua: loma:!]
Have a safe journey!	**Turvallista matkaa!** [turuallista matka:!]
I hope you get better soon!	**Toivon että paranet pian!** [tojuon ettæ paranet pian!]

Socializing

Why are you sad?	**Miksi olet surullinen?** [miksi olet surullinen?]
Smile! Cheer up!	**Hymyile! Piristy!** [hymyile! piristy!]
Are you free tonight?	**Oletko vapaa tänä iltana?** [oletko ʋɑpɑ: tænæ iltɑnɑ?]

May I offer you a drink?	**Voinko tarjota sinulle juotavaa?** [vojŋko tarjota sinulle juotaʋɑ:?]
Would you like to dance?	**Haluaisitko tulla tanssimaan?** [hɑluɑjsitko tulla tanssima:n?]
Let's go to the movies.	**Mennään elokuviin.** [mennæ:n elokuʋi:n]

May I invite you to ...?	**Saanko kutsua sinut ...?** [sɑ:ŋko kutsua sinut ...?]
a restaurant	**ravintolaan** [rɑʋintola:n]
the movies	**elokuviin** [elokuʋi:n]
the theater	**teatteriin** [teatteri:n]
go for a walk	**kävelylle** [kæʋelylle]

At what time?	**Mihin aikaan?** [mihin ɑjkɑ:n?]
tonight	**tänä iltana** [tænæ iltɑnɑ]
at six	**kuudelta** [ku:delta]
at seven	**seitsemältä** [sejtsemæltæ]
at eight	**kahdeksalta** [kahdeksalta]
at nine	**yhdeksältä** [yhdeksæltæ]

Do you like it here?	**Pidätkö tästä paikasta?** [pidætkø tæstæ pɑjkɑstɑ?]
Are you here with someone?	**Oletko täällä jonkun kanssa?** [oletko tæ:llæ joŋkun kanssa?]
I'm with my friend.	**Olen ystäväni kanssa.** [olen ystæʋæni kanssa]

I'm with my friends.

No, I'm alone.

Olen ystävieni kanssa.
[olen ystæʋieni kanssa]

Ei, olen yksin.
[ej, olen yksin]

Do you have a boyfriend?

I have a boyfriend.

Do you have a girlfriend?

I have a girlfriend.

Onko sinulla poikaystävää?
[oŋko sinulla pojkaystæʋæ:?]

Minulla on poikaystävä.
[minulla on pojkaystæʋæ]

Onko sinulla tyttöystävää?
[oŋko sinulla tyttøystæʋæ:?]

Minulla on tyttöystävä.
[minulla on tyttøystæʋæ]

Can I see you again?

Can I call you?

Call me. (Give me a call.)

What's your number?

I miss you.

Saanko tavata sinut uudelleen?
[sɑ:ŋko taʋata sinut u:delle:n?]

Saanko soittaa sinulle?
[sɑ:ŋko sojtta: sinulle?]

Soita minulle.
[sojta minulle]

Mikä on puhelinnumerosi?
[mikæ on puhelinnumerosi?]

Kaipaan sinua.
[kajpɑ:n sinua]

You have a beautiful name.

I love you.

Will you marry me?

You're kidding!

I'm just kidding.

Sinulla on kaunis nimi.
[sinulla on kaunis nimi]

Rakastan sinua.
[rakastan sinua]

Menisitkö naimisiin kanssani?
[menisitkø najmisi:n kanssani?]

Lasket leikkiä!
[lasket lejkkiæ!]

Lasken vain leikkiä.
[lasken ʋajn lejkkiæ]

Are you serious?

I'm serious.

Really?!

It's unbelievable!

I don't believe you.

I can't.

I don't know.

I don't understand you.

Oletko tosissasi?
[oletko tosissasi?]

Olen tosissani.
[olen tosissani]

Ihanko totta?!
[ihaŋko totta?!]

Se on uskomatonta!
[se on uskomatonta!]

En usko sinua.
[en usko sinua]

En voi.
[en ʋoj]

En tiedä.
[en tiedæ]

En ymmärrä sinua.
[en ymmærræ sinua]

Please go away.	**Ole hyvä mene pois.** [ole hyʋæ mene pojs]
Leave me alone!	**Jätä minut rauhaan!** [jætæ minut rɑuhɑːn!]

I can't stand him.	**En voi sietää häntä.** [en ʋoj sietæː hæntæ]
You are disgusting!	**Olet inhottava!** [olet inhottɑʋɑ!]
I'll call the police!	**Soitan poliisille!** [sojtɑn poliːsille!]

Sharing impressions. Emotions

I like it.	**Pidän siitä.** [pidæn si:tæ]
Very nice.	**Tosi kiva.** [tosi kiʋɑ]
That's great!	**Sepä hienoa!** [sepæ hienoɑ!]
It's not bad.	**Ei huono.** [ej huono]

I don't like it.	**En pidä siitä.** [en pidæ si:tæ]
It's not good.	**Se ei ole hyvä.** [se ej ole hyʋæ]
It's bad.	**Se on huono.** [se on huono]
It's very bad.	**Se on tosi huono.** [se on tosi huono]
It's disgusting.	**Se on inhottava.** [se on inhottɑʋɑ]

I'm happy.	**Olen onnellinen.** [olen onnellinen]
I'm content.	**Olen tyytyväinen.** [olen ty:tyʋæjnen]
I'm in love.	**Olen rakastunut.** [olen rɑkɑstunut]
I'm calm.	**Olen rauhallinen.** [olen rɑuhɑllinen]
I'm bored.	**Olen tylsistynyt.** [olen tylsistynyt]

I'm tired.	**Olen väsynyt.** [olen ʋæsynyt]
I'm sad.	**Olen surullinen.** [olen surullinen]
I'm frightened.	**Olen peloissani.** [olen pelojssɑni]

I'm angry.	**Olen vihainen.** [olen ʋihɑjnen]
I'm worried.	**Olen huolissani.** [olen huolissɑni]
I'm nervous.	**Olen hermostunut.** [olen hermostunut]

I'm jealous. (envious)

Olen mustasukkainen.
[olen mustasukkajnen]

I'm surprised.

Olen yllättynyt.
[olen yllættynyt]

I'm perplexed.

Olen hämilläni.
[olen hæmillæni]

Problems. Accidents

I've got a problem.	**Minulla on ongelma.** [minulla on oŋgelma]
We've got a problem.	**Meillä on ongelma.** [mejllæ on oŋgelma]
I'm lost.	**Olen eksynyt.** [olen eksynyt]
I missed the last bus (train).	**Myöhästyin viimeisestä bussista (junasta).** [myøhæstyin ui:mejsestæ bussista (junasta)]
I don't have any money left.	**Minulla ei ole ollenkaan rahaa jäljellä.** [minulla ej ole olleŋka:n raha: jæljellæ]
I've lost my ...	**Olen hukannut ...** [olen hukannut ...]
Someone stole my ...	**Joku varasti minun ...** [joku uarasti minun ...]
passport	**passini** [passini]
wallet	**lompakkoni** [lompakkoni]
papers	**paperini** [paperini]
ticket	**lippuni** [lippuni]
money	**rahani** [rahani]
handbag	**käsilaukkuni** [kæsilaukkuni]
camera	**kamerani** [kamerani]
laptop	**kannettavani** [kannettauani]
tablet computer	**tablettini** [tablettini]
mobile phone	**kännykkäni** [kænnykkæni]
Help me!	**Auta minua!** [auta minua!]
What's happened?	**Mitä on tapahtunut?** [mitæ on tapahtunut?]

fire	**tulipalo** [tulipalo]
shooting	**ampuminen** [ampuminen]
murder	**murha** [murha]
explosion	**räjähdys** [ræjæhdys]
fight	**tappelu** [tappelu]

Call the police!	**Soita poliisille!** [sojta poli:sille!]
Please hurry up!	**Pidä kiirettä!** [pidæ ki:rettæ!]
I'm looking for the police station.	**Etsin poliisiasemaa.** [etsin poli:siasema:]
I need to make a call.	**Minun täytyy soittaa.** [minun tæyty: sojtta:]
May I use your phone?	**Saanko käyttää puhelintasi?** [sa:ŋko kæyttæ: puhelintasi?]

I've been ...	**Minut on ...** [minut on ...]
mugged	**ryöstetty** [ryøstetty]
robbed	**ryöstetty** [ryøstetty]
raped	**raiskattu** [rajskattu]
attacked (beaten up)	**pahoinpidelty** [pahojnpidelty]

Are you all right?	**Oletko kunnossa?** [oletko kunnossa?]
Did you see who it was?	**Näitkö, kuka se oli?** [næjtkø, kuka se oli?]
Would you be able to recognize the person?	**Pystyisitkö tunnistamaan henkilön?** [pystyisitkø tunnistama:n heŋkiløn?]
Are you sure?	**Oletko varma?** [oletko varma?]

Please calm down.	**Rauhoitu.** [rauhojtu]
Take it easy!	**Rentoudu!** [rentoudu!]
Don't worry!	**Älä huolehdi!** [æʌæ huolehdi!]
Everything will be fine.	**Kaikki järjestyy.** [kajkki jærjesty:]
Everything's all right.	**Kaikki on kunnossa.** [kajkki on kunnossa]

Come here, please.

Tule tänne.
[tule tænne]

I have some questions for you.

Minulla on joitakin kysymyksiä sinulle.
[minulla on jojtakin kysymyksiæ sinulle]

Wait a moment, please.

Odota hetki.
[odota hetki]

Do you have any I.D.?

Onko sinulla henkilöllisyystodistus?
[oŋko sinulla heŋkiløllisy:stodistus?]

Thanks. You can leave now.

Kiitos. Voit nyt lähteä.
[ki:tos. vojt nyt ʎæhteæ]

Hands behind your head!

Kädet pään taakse!
[kædet pæ:n ta:kse!]

You're under arrest!

Sinut on pidätetty!
[sinut on pidætetty!]

Health problems

Please help me.	**Voisitko auttaa minua.** [vojsitko autta: minua]
I don't feel well.	**En voi hyvin.** [en voj hyvin]
My husband doesn't feel well.	**Mieheni ei voi hyvin.** [mieheni ej voj hyvin]
My son ...	**Poikani ...** [pojkani ...]
My father ...	**Isäni ...** [isæni ...]

My wife doesn't feel well.	**Vaimoni ei voi hyvin.** [vajmoni ej voj hyvin]
My daughter ...	**Tyttäreni ...** [tyttæreni ...]
My mother ...	**Äitini ...** [æjtini ...]

I've got a ...	**Minulla on ...** [minulla on ...]
headache	**päänsärky** [pæ:nsærky]
sore throat	**kipeä kurkku** [kipeæ kurkku]
stomach ache	**vatsakipu** [vatsakipu]
toothache	**hammassärky** [hammassærky]

I feel dizzy.	**Minua huimaa.** [minua hujma:]
He has a fever.	**Hänellä on kuumetta.** [hænellæ on ku:metta]
She has a fever.	**Hänellä on kuumetta.** [hænellæ on ku:metta]
I can't breathe.	**En voi hengittää.** [en voj hengittæ:]

I'm short of breath.	**Olen hengästynyt.** [olen hengæstynyt]
I am asthmatic.	**Minulla on astma.** [minulla on astma]
I am diabetic.	**Minulla on diabetes.** [minulla on diabetes]

I can't sleep.	**En voi nukkua.**
	[en voj nukkua]
food poisoning	**ruokamyrkytys**
	[ruokamyrkytys]

It hurts here.	**Minua sattuu tästä.**
	[minua sattu: tæstæ]
Help me!	**Auta minua!**
	[auta minua!]
I am here!	**Olen täällä!**
	[olen tæ:llæ!]
We are here!	**Olemme täällä!**
	[olemme tæ:llæ!]
Get me out of here!	**Päästä minut pois täältä!**
	[pæ:stæ minut pojs tæ:ltæ!]
I need a doctor.	**Tarvitsen lääkärin.**
	[tarvitsen ʎæ:kærin]
I can't move.	**En voi liikkua.**
	[en voj li:kkua]
I can't move my legs.	**En voi liikuttaa jalkojani.**
	[en voj li:kutta: jalkojani]

I have a wound.	**Minulla on haava.**
	[minulla on ha:va]
Is it serious?	**Onko se vakavaa?**
	[oŋko se vakava:?]
My documents are in my pocket.	**Asiakirjani ovat taskussani.**
	[asiakirjani ovat taskussani]
Calm down!	**Rauhoitu!**
	[rauhojtu!]
May I use your phone?	**Saanko käyttää puhelintasi?**
	[sa:ŋko kæyttæ: puhelintasi?]

Call an ambulance!	**Soita ambulanssi!**
	[sojta ambulanssi!]
It's urgent!	**Tämä on kiireellistä!**
	[tæmæ on ki:re:llistæ!]
It's an emergency!	**Tämä on hätätilanne!**
	[tæmæ on hætætilanne!]
Please hurry up!	**Pidä kiirettä!**
	[pidæ ki:rettæ!]
Would you please call a doctor?	**Soittaisitko lääkärin?**
	[sojttajsitko ʎæ:kærin?]
Where is the hospital?	**Missä sairaala on?**
	[missæ sajra:la on?]

How are you feeling?	**Kuinka voit?**
	[kujŋka vojt?]
Are you all right?	**Oletko kunnossa?**
	[oletko kunnossa?]
What's happened?	**Mitä on tapahtunut?**
	[mitæ on tapahtunut?]

I feel better now.

Voin nyt paremmin.
[vojn nyt pɑremmin]

It's OK.

Se on okei.
[se on okej]

It's all right.

Se on hyvä.
[se on hyʋæ]

At the pharmacy

pharmacy (drugstore)	**apteekki** [ɑpteːkki]
24-hour pharmacy	**päivystävä apteekki** [pæjʋystæʋæ ɑpteːkki]
Where is the closest pharmacy?	**Missä on lähin apteekki?** [missæ on ʎæhin ɑpteːkki?]

Is it open now?	**Onko se nyt auki?** [oŋko se nyt ɑuki?]
At what time does it open?	**Milloin se aukeaa?** [millojn se ɑukeɑː?]
At what time does it close?	**Milloin se menee kiinni?** [millojn se meneː kiːnni?]

Is it far?	**Onko se kaukana?** [oŋko se kɑukɑnɑ?]
Can I get there on foot?	**Voiko sinne kävellä?** [vojko sinne kæʋellæ?]
Can you show me on the map?	**Voitko näyttää minulle kartalta?** [vojtko næyttæː minulle kɑrtɑltɑ?]

Please give me something for ...	**Voisitko antaa minulle jotakin ...** [vojsitko ɑntɑː minulle jotɑkin ...]
a headache	**päänsärkyyn** [pæːnsærkyːn]
a cough	**yskään** [yskæːn]
a cold	**vilustumiseen** [ʋilustumiseːn]
the flu	**flunssaan** [flunssɑːn]

a fever	**kuumeeseen** [kuːmeːseːn]
a stomach ache	**vatsakipuun** [ʋɑtsɑkipuːn]
nausea	**pahoinvointiin** [pɑhojnʋojntiːn]
diarrhea	**ripuliin** [ripuliːn]
constipation	**ummetukseen** [ummetukseːn]
pain in the back	**selkäkipuun** [selkækipuːn]

chest pain	**rintakipuun** [rintakipu:n]
side stitch	**pistävään kipuun kyljessä** [pistæuæ:n kipu:n kyljessæ]
abdominal pain	**vatsakipuun** [uatsakipu:n]

pill	**pilleri** [pilleri]
ointment, cream	**voide** [uojde]
syrup	**nestemäinen lääke** [nestemæjnen ʎæ:ke]
spray	**suihke** [sujhke]
drops	**tipat** [tipat]

You need to go to the hospital.	**Sinun täytyy mennä sairaalaan.** [sinun tæyty: mennæ sajra:la:n]
health insurance	**sairausvakuutus** [sajrausuaku:tus]
prescription	**resepti** [resepti]
insect repellant	**hyönteiskarkote** [hyøntejskarkote]
Band Aid	**laastari** [la:stari]

The bare minimum

Excuse me, ...	**Anteeksi, ...** [ante:ksi, ...]
Hello.	**Hei.** [hej]
Thank you.	**Kiitos.** [ki:tos]
Good bye.	**Näkemiin.** [nækemi:n]
Yes.	**Kyllä.** [kyllæ]
No.	**Ei.** [ej]
I don't know.	**En tiedä.** [en tiedæ]
Where? | Where to? | When?	**Missä? | Minne? | Milloin?** [missæ? | minne? | millojn?]
I need ...	**Tarvitsen ...** [tarʋitsen ...]
I want ...	**Haluan ...** [haluan ...]
Do you have ...?	**Onko sinulla ...?** [oŋko sinulla ...?]
Is there a ... here?	**Onko täällä ...?** [oŋko tæ:llæ ...?]
May I ...?	**Voinko ...?** [vojŋko ...?]
..., please (polite request)	**..., kiitos** [..., ki:tos]
I'm looking for ...	**Etsin ...** [etsin ...]
restroom	**WC** [ʋɛsɛ]
ATM	**pankkiautomaatti** [paŋkkiautoma:tti]
pharmacy (drugstore)	**apteekki** [apte:kki]
hospital	**sairaala** [sajra:la]
police station	**poliisiasema** [poli:siasema]
subway	**metro** [metro]

taxi	**taksi** [taksi]
train station	**rautatieasema** [rautatieasema]

My name is ...	**Nimeni on ...** [nimeni on ...]
What's your name?	**Mikä sinun nimesi on?** [mikæ sinun nimesi on?]
Could you please help me?	**Voisitko auttaa minua?** [vojsitko autta: minua?]
I've got a problem.	**Minulla on ongelma.** [minulla on oŋgelma]
I don't feel well.	**En voi hyvin.** [en ʋoj hyʋin]
Call an ambulance!	**Soita ambulanssi!** [sojta ambulanssi!]
May I make a call?	**Voisinko soittaa?** [vojsiŋko sojtta:?]

I'm sorry.	**Olen pahoillani.** [olen pahojllani]
You're welcome.	**Ole hyvä.** [ole hyʋæ]

I, me	**minä | mä** [minæ | mæ]
you (inform.)	**sinä | sä** [sinæ | sæ]
he	**hän | se** [hæn | se]
she	**hän | se** [hæn | se]
they (masc.)	**he | ne** [he | ne]
they (fem.)	**he | ne** [he | ne]
we	**me** [me]
you (pl)	**te** [te]
you (sg, form.)	**sinä** [sinæ]

ENTRANCE	**SISÄÄN** [sisæ:n]
EXIT	**ULOS** [ulos]
OUT OF ORDER	**EPÄKUNNOSSA** [epækunnossa]
CLOSED	**SULJETTU** [suljettu]

OPEN	**AVOIN** [avojn]
FOR WOMEN	**NAISILLE** [najsille]
FOR MEN	**MIEHILLE** [miehille]

CONCISE DICTIONARY

This section contains more than 1,500 useful words arranged alphabetically. The dictionary includes a lot of gastronomic terms and will be helpful when ordering food at a restaurant or buying groceries

T&P Books Publishing

DICTIONARY CONTENTS

T&P Books Publishing

T&P Books Publishing

time	aika	[ɑjkɑ]
hour	tunti	[tunti]
half an hour	puoli tuntia	[puoli tuntiɑ]
minute	minuutti	[minu:tti]
second	sekunti	[sekunti]

today (adv)	tänään	[tænæ:n]
tomorrow (adv)	huomenna	[huomeŋɑ]
yesterday (adv)	eilen	[ejlen]

Monday	maanantai	[mɑ:nɑntɑj]
Tuesday	tiistai	[ti:istɑj]
Wednesday	keskiviikko	[keskiʋi:ikko]
Thursday	torstai	[torstɑj]
Friday	perjantai	[perʰjɑntɑj]
Saturday	lauantai	[lɑuɑntɑj]
Sunday	sunnuntai	[suŋuntɑj]

day	päivä	[pæjʋæ]
working day	työpäivä	[tyøpæjʋæ]
public holiday	juhlapäivä	[juhlɑpæjʋæ]
weekend	viikonloppu	[ʋi:ikon loppu]

week	viikko	[ʋi:ikko]
last week (adv)	viime viikolla	[ʋi:ime ʋi:ikollɑ]
next week (adv)	ensi viikolla	[ensi ʋi:ikollɑ]

sunrise	auringonnousu	[ɑuriŋon nousu]
sunset	auringonlasku	[ɑuriŋon lɑsku]

in the morning	aamulla	[ɑ:mullɑ]
in the afternoon	iltapäivällä	[iltɑ pæjʋæʎæ]

in the evening	illalla	[illɑllɑ]
tonight (this evening)	tänä iltana	[tæŋæ iltɑnɑ]

at night	yöllä	[yøʎæ]
midnight	puoliyö	[puoli yø]

January	tammikuu	[tɑmmiku:]
February	helmikuu	[helmiku:]
March	maaliskuu	[mɑ:lisku:]
April	huhtikuu	[huhtiku:]
May	toukokuu	[toukoku:]
June	kesäkuu	[kesæku:]

July	heinäkuu	[hejnæku:]
August	elokuu	[eloku:]
September	syyskuu	[sy:sku:]
October	lokakuu	[lokaku:]
November	marraskuu	[marrasku:]
December	joulukuu	[øuluku:]

in spring	keväällä	[keuæ:ʎæ]
in summer	kesällä	[kesæʎæ]
in fall	syksyllä	[syksyʎæ]
in winter	talvella	[taluella]

month	kuukausi	[ku:kausi]
season (summer, etc.)	kausi	[kausi]
year	vuosi	[uuosi]
century	vuosisata	[uuosisata]

2. Numbers. Numerals

digit, figure	numero	[numero]
number	luku	[luku]
minus sign	miinus	[mi:inus]
plus sign	plus	[plus]
sum, total	summa	[summa]

first (adj)	ensimmäinen	[ensimmæjnen]
second (adj)	toinen	[tojnen]
third (adj)	kolmas	[kolmas]

0 zero	nolla	[nolla]
1 one	yksi	[yksi]
2 two	kaksi	[kaksi]
3 three	kolme	[kolme]
4 four	neljä	[nelʰjæ]

5 five	viisi	[ui:isi]
6 six	kuusi	[ku:si]
7 seven	seitsemän	[sejtsemæn]
8 eight	kahdeksan	[kahdeksan]
9 nine	yhdeksän	[yhdeksæn]
10 ten	kymmenen	[kymmenen]

11 eleven	yksitoista	[yksi tojsta]
12 twelve	kaksitoista	[kaksi tojsta]
13 thirteen	kolmetoista	[kolme tojsta]
14 fourteen	neljätoista	[nelʰjæ tojsta]
15 fifteen	viisitoista	[ui:isi tojsta]

| 16 sixteen | kuusitoista | [ku:si tojsta] |
| 17 seventeen | seitsemäntoista | [sejtsemæn tojsta] |

18 eighteen	kahdeksantoista	[kahdeksan tojsta]
19 nineteen	yhdeksäntoista	[yhdeksæn tojsta]
20 twenty	kaksikymmentä	[kaksi kymmentæ]
30 thirty	kolmekymmentä	[kolme kymmentæ]
40 forty	neljäkymmentä	[nelʰjæ kymmentæ]
50 fifty	viisikymmentä	[ʋiːisi kymmentæ]
60 sixty	kuusikymmentä	[kuːsi kymmentæ]
70 seventy	seitsemänkymmentä	[sejtsemæn kymmentæ]
80 eighty	kahdeksankymmentä	[kahdeksan kymmentæ]
90 ninety	yhdeksänkymmentä	[yhdeksæn kymmentæ]
100 one hundred	sata	[sata]
200 two hundred	kaksisataa	[kaksi sataː]
300 three hundred	kolmesataa	[kolme sataː]
400 four hundred	neljäsataa	[nelʰjæ sataː]
500 five hundred	viisisataa	[ʋiːisi sataː]
600 six hundred	kuusisataa	[kuːsi sataː]
700 seven hundred	seitsemänsataa	[sejtsemæn sataː]
800 eight hundred	kahdeksansataa	[kahdeksan sataː]
900 nine hundred	yhdeksänsataa	[yhdeksæn sataː]
1000 one thousand	tuhat	[tuhat]
10000 ten thousand	kymmenentuhatta	[kymmenen tuhatta]
one hundred thousand	satatuhatta	[sata tuhatta]
million	miljoona	[milʰøːna]
billion	miljardi	[milʰjardi]

3. Humans. Family

man (adult male)	mies	[mies]
young man	nuorukainen	[nuorukajnen]
teenager	teini-ikäinen	[tejni ikæjnen]
woman	nainen	[najnen]
girl (young woman)	neiti	[nejti]
age	ikä	[ikæ]
adult (adj)	aikuinen	[ajkujnen]
middle-aged (adj)	keski-ikäinen	[keski ikæjnen]
elderly (adj)	iäkäs	[jækæs]
old (adj)	vanha	[ʋanha]
old man	vanhus	[ʋanhus]
old woman	eukko	[eukko]
retirement	eläke	[eʌæke]
to retire (from job)	jäädä eläkkeelle	[jæːdæ eʌækkeːlle]
retiree	eläkeläinen	[eʌækeʌæjnen]

mother	äiti	[æjti]
father	isä	[isæ]
son	poika	[pojkɑ]
daughter	tytär	[tytær]
brother	veli	[ʋeli]
sister	sisar	[sisɑr]

parents	vanhemmat	[ʋɑnhemmɑt]
child	lapsi	[lɑpsi]
children	lapset	[lɑpset]
stepmother	äitipuoli	[æjtipuoli]
stepfather	isäpuoli	[isæpuoli]

grandmother	isoäiti	[isoæjti]
grandfather	isoisä	[isoisæ]
grandson	lapsenlapsi	[lɑpsenlɑpsi]
granddaughter	lapsenlapsi	[lɑpsenlɑpsi]
grandchildren	lastenlapset	[lɑsten lɑpset]

uncle	setä	[setæ]
aunt	täti	[tæti]
nephew	veljenpoika	[ʋeʎæn pojkɑ]
niece	sisarenpoika	[sisɑren pojkɑ]

wife	vaimo	[ʋɑjmo]
husband	mies	[mies]
married (masc.)	naimisissa oleva	[nɑjmisissɑ oleʋɑ]
married (fem.)	naimisissa oleva	[nɑjmisissɑ oleʋɑ]
widow	leski	[leski]
widower	leski	[leski]

| name (first name) | nimi | [nimi] |
| surname (last name) | sukunimi | [sukunimi] |

relative	sukulainen	[sukulɑjnen]
friend (masc.)	ystävä	[ystæʋæ]
friendship	ystävyys	[ystæʋy:s]

partner	partneri	[pɑrtneri]
superior (n)	päällikkö	[pæ:likkø]
colleague	virkatoveri	[ʋirkɑ toʋeri]
neighbors	naapurit	[nɑ:purit]

4. Human body

organism (body)	elimistö	[elimistø]
body	vartalo	[ʋɑrtɑlo]
heart	sydän	[sydæn]
blood	veri	[ʋeri]
brain	aivot	[ɑjʋot]

nerve	hermo	[hermo]
bone	luu	[luː]
skeleton	luuranko	[luːraŋko]
spine (backbone)	selkäranka	[selkæraŋka]
rib	kylkiluu	[kylkiluː]
skull	pääkallo	[pæːkallo]

muscle	lihas	[lihas]
lungs	keuhkot	[keuhkot]
skin	iho	[iho]

head	pää	[pæː]
face	kasvot	[kasʋot]
nose	nenä	[neɲæ]
forehead	otsa	[otsa]
cheek	poski	[poski]

mouth	suu	[suː]
tongue	kieli	[kieli]
tooth	hammas	[hammas]
lips	huulet	[huːlet]
chin	leuka	[leuka]

ear	korva	[korʋa]
neck	kaula	[kaula]
throat	kurkku	[kurkku]
eye	silmä	[silmæ]
pupil	silmäterä	[silmæteræ]
eyebrow	kulmakarva	[kulmakarʋa]
eyelash	ripsi	[ripsi]

hair	hiukset	[hiukset]
hairstyle	kampaus	[kampaus]
mustache	viikset	[ʋiːikset]
beard	parta	[parta]
to have (a beard, etc.)	hänellä on parta	[hæneʎæ on parta]
bald (adj)	kaljupäinen	[kalʰjupæjnen]

hand	käsi	[kæsi]
arm	käsivarsi	[kæsiʋarssi]
nail	kynsi	[kynsi]
palm	kämmen	[kæmmen]

shoulder	hartia	[hartia]
leg	jalka	[jalka]
foot	jalkaterä	[jalkateræ]
knee	polvi	[polʋi]
heel	kantapää	[kantapæː]

back	selkä	[selkæ]
waist	vyötärö	[ʋyøtærø]
beauty mark	luomi	[luomi]

5. Medicine. Diseases. Drugs

health	terveys	[terʋeys]
well (not sick)	terve	[terʋe]
sickness	sairaus	[sɑjrɑus]
to be sick	sairastaa	[sɑjrɑstɑ:]
ill, sick (adj)	sairas	[sɑjrɑs]

cold (illness)	vilustus	[ʋilustus]
to catch a cold	vilustua	[ʋilustuɑ]
tonsillitis	angiina	[ɑŋi:inɑ]
pneumonia	keuhkotulehdus	[keuhko tulehdus]
flu, influenza	influenssa	[influenssɑ]

runny nose (coryza)	nuha	[nuhɑ]
cough	yskä	[yskæ]
to cough (vi)	yskiä	[yskiæ]
to sneeze (vi)	aivastella	[ɑjʋɑstellɑ]

stroke	insultti	[insultti]
heart attack	infarkti	[infɑrkti]
allergy	allergia	[ɑllergi:ɑ]
asthma	astma	[ɑstmɑ]
diabetes	sokeritauti	[sokeritɑuti]

tumor	kasvain	[kɑsʋɑjn]
cancer	syöpä	[syøpæ]
alcoholism	alkoholismi	[ɑlkoholismi]
AIDS	AIDS	[ɑjds]
fever	kuume	[ku:me]
seasickness	merisairaus	[merisɑjrɑus]

bruise (hématome)	mustelma	[mustelmɑ]
bump (lump)	kuhmu	[kuhmu]
to limp (vi)	ontua	[ontuɑ]
dislocation	niukahdus	[niukɑhdus]
to dislocate (vt)	niukahtaa	[niukɑhtɑ:]

fracture	murtuma	[murtumɑ]
burn (injury)	palohaava	[pɑlohɑ:ʋɑ]
injury	vaurio	[ʋɑurio]
pain	kipu	[kipu]
toothache	hammassärky	[hɑmmɑs særky]

to sweat (perspire)	hikoilla	[hikojllɑ]
deaf (adj)	kuuro	[ku:ro]
mute (adj)	mykkä	[mykkæ]

immunity	immuniteetti	[immunite:tti]
virus	virus	[ʋirus]
microbe	mikrobi	[mikrobi]

bacterium	bakteeri	[bɑkte:ri]
infection	tartunta	[tɑrtuntɑ]

hospital	sairaala	[sɑjrɑ:lɑ]
cure	lääkintä	[læ:kintæ]
to vaccinate (vt)	rokottaa	[rokottɑ:]
to be in a coma	olla koomassa	[ollɑ ko:mɑssɑ]
intensive care	hoitokoti	[hojtokoti]
symptom	oire	[ojre]
pulse	syke	[syke]

6. Feelings. Emotions. Conversation

I, me	minä	[miɲæ]
you	sinä	[siɲæ]
he	hän	[ɦæn]
she	hän	[ɦæn]
it	se	[se]

we	me	[me]
you (to a group)	te	[te]
they	he	[he]

Hello! (fam.)	Hei!	[hej]
Hello! (form.)	Hei!	[hej]
Good morning!	Hyvää huomenta!	[hyʋæ: huomentɑ]
Good afternoon!	Hyvää päivää!	[hyʋæ: pæjʋæ:]
Good evening!	Hyvää iltaa!	[hyʋæ: iltɑ:]

to say hello	tervehtiä	[terʋehtiæ]
to greet (vt)	tervehtiä	[terʋehtiæ]
How are you?	Mitä kuuluu?	[mitæ ku:lu:]
Bye-Bye! Goodbye!	Näkemiin!	[ɲækemi:in]
Thank you!	Kiitos!	[ki:itos]

feelings	tunteet	[tunte:t]
to be hungry	olla nälkä	[ollɑ ɲælkæ]
to be thirsty	olla jano	[ollɑ æno]
tired (adj)	väsynyt	[ʋæsynyt]

to be worried	olla huolissaan	[ollɑ huolissɑ:n]
to be nervous	hermostua	[hermostuɑ]
hope	toivo	[tojʋo]
to hope (vi, vt)	toivoa	[tojʋoɑ]

character	luonne	[luoɲe]
modest (adj)	vaatimaton	[ʋɑ:timɑton]
lazy (adj)	laiska	[lɑjskɑ]
generous (adj)	antelias	[ɑntelias]
talented (adj)	lahjakas	[lɑhʰjɑkɑs]

honest (adj)	rehellinen	[rehellinen]
serious (adj)	vakava	[ʋakaʋa]
shy, timid (adj)	arka	[arka]
sincere (adj)	vilpitön	[ʋilpitøn]
coward	pelkuri	[pelkuri]

to sleep (vi)	nukkua	[nukkua]
dream	uni	[uni]
bed	sänky	[sæŋky]
pillow	tyyny	[ty:ny]

insomnia	unettomuus	[unettomu:s]
to go to bed	mennä nukkumaan	[meŋæ nukkuma:n]
nightmare	painajainen	[pajnajæjnen]
alarm clock	herätyskello	[herætys kello]

smile	hymy	[hymy]
to smile (vi)	hymyillä	[hymyjʎæ]
to laugh (vi)	nauraa	[naura:]

quarrel	riita	[ri:ita]
insult	loukkaus	[loukkaus]
resentment	loukkaus	[loukkaus]
angry (mad)	vihainen	[ʋihajnen]

7. Clothing. Personal accessories

clothes	vaatteet	[ʋa:tte:t]
coat (overcoat)	takki	[takki]
fur coat	turkki	[turkki]
jacket (e.g., leather ~)	takki	[takki]
raincoat (trenchcoat, etc.)	sadetakki	[sadetakki]

shirt (button shirt)	paita	[pajta]
pants	housut	[housut]
suit jacket	takki	[takki]
suit	puku	[puku]

dress (frock)	leninki	[leniŋki]
skirt	hame	[hame]
T-shirt	T-paita	[tepajta]
bathrobe	froteinen aamutakki	[frotejnen a:mutakki]
pajamas	pyjama	[pyjama]
workwear	työvaatteet	[tyøʋa:tte:t]

underwear	alusvaatteet	[alusʋa:tte:t]
socks	sukat	[sukat]
bra	rintaliivit	[rintali:iʋit]
pantyhose	sukkahousut	[sukkahousut]
stockings (thigh highs)	sukat	[sukat]

bathing suit	uimapuku	[ujmɑpuku]
hat	hattu	[hɑttu]
footwear	jalkineet	[jɑlkine:t]
boots (cowboy ~)	saappaat	[sɑ:ppɑ:t]
heel	korko	[korko]
shoestring	nauhat	[nɑuhɑt]
shoe polish	kenkävoide	[keŋkæʋojde]

cotton (n)	puuvilla	[pu:ʋilɑ]
wool (n)	villa	[ʋilɑ]
fur (n)	turkis	[turkis]

gloves	käsineet	[kæsine:t]
mittens	lapaset	[lɑpɑset]
scarf (muffler)	kaulaliina	[kɑulɑli:inɑ]
glasses (eyeglasses)	silmälasit	[silmælɑsit]
umbrella	sateenvarjo	[sɑte:nʋɑrø]

tie (necktie)	solmio	[solmio]
handkerchief	nenäliina	[neɲæ li:inɑ]
comb	kampa	[kɑmpɑ]
hairbrush	hiusharja	[hiushɑrʰjɑ]

buckle	solki	[solki]
belt	vyö	[ʋyø]
purse	käsilaukku	[kæsilɑukku]

collar	kaulus	[kɑulus]
pocket	tasku	[tɑsku]
sleeve	hiha	[hihɑ]
fly (on trousers)	halkio	[hɑlkio]

zipper (fastener)	vetoketju	[ʋetoketʲju]
button	nappi	[nɑppi]
to get dirty (vi)	tahraantua	[tɑhrɑ:ntuɑ]
stain (mark, spot)	tahra	[tɑhrɑ]

8. City. Urban institutions

store	kauppa	[kɑuppɑ]
shopping mall	kauppakeskus	[kɑuppɑ keskus]
supermarket	supermarketti	[supermɑrketti]
shoe store	kenkäkauppa	[keŋkækɑuppɑ]
bookstore	kirjakauppa	[kirʰjɑ kɑuppɑ]

drugstore, pharmacy	apteekki	[ɑpte:kki]
bakery	leipäkauppa	[lejpækɑuppɑ]
candy store	konditoria	[konditoriɑ]
grocery store	sekatavarakauppa	[sekɑtɑʋɑrɑ kɑuppɑ]
butcher shop	lihakauppa	[lihɑkɑuppɑ]

| produce store | vihanneskauppa | [ʋihaŋes kauppa] |
| market | kauppatori | [kauppatori] |

hair salon	parturinliike	[parturin liːike]
post office	posti	[posti]
dry cleaners	kemiallinen pesu	[kemiallinen pesu]
circus	sirkus	[sirkus]
zoo	eläintarha	[eʌæjntarha]

theater	teatteri	[teatteri]
movie theater	elokuvateatteri	[elokuʋa teatteri]
museum	museo	[museo]
library	kirjasto	[kirʲjasto]

mosque	moskeija	[moskeja]
synagogue	synagoga	[synagoga]
cathedral	tuomiokirkko	[tuomiokirkko]
temple	temppeli	[temppeli]
church	kirkko	[kirkko]

college	instituutti	[instituːtti]
university	yliopisto	[yliopisto]
school	koulu	[koulu]

| hotel | hotelli | [hotelli] |
| bank | pankki | [paŋkki] |

| embassy | suurlähetystö | [suːr ʌæhetystø] |
| travel agency | matkatoimisto | [matka tojmisto] |

| subway | metro | [metro] |
| hospital | sairaala | [sajraːla] |

| gas station | bensiiniasema | [bensiːini asema] |
| parking lot | parkkipaikka | [parkki pajkka] |

ENTRANCE	SISÄÄN	[sisæːn]
EXIT	ULOS	[ulos]
PUSH	TYÖNNÄ	[tyøŋæ]
PULL	VEDÄ	[ʋedæ]

| OPEN | AUKI | [auki] |
| CLOSED | KIINNI | [kiːiŋi] |

monument	patsas	[patsas]
fortress	linna	[liŋa]
palace	palatsi	[palatsi]

medieval (adj)	keskiaikainen	[keskiajkajnen]
ancient (adj)	vanha	[ʋanha]
national (adj)	kansallinen	[kansallinen]
well-known (adj)	tunnettu	[tuŋettu]

9. Money. Finances

money	rahat	[rahat]
coin	kolikko	[kolikko]
dollar	dollari	[dollari]
euro	euro	[euro]

ATM	pankkiautomaatti	[paŋkki automɑːtti]
currency exchange	vaihtopiste	[ʋɑjhtopiste]
exchange rate	kurssi	[kurssi]
cash	käteinen	[kætejnen]

How much?	Kuinka paljon?	[kuiŋka palʰon]
to pay (vi, vt)	maksaa	[maksɑː]
payment	maksu	[maksu]
change (give the ~)	vaihtoraha	[ʋɑjhtoraha]

price	hinta	[hinta]
discount	alennus	[aleŋus]
cheap (adj)	halpa	[halpa]
expensive (adj)	kallis	[kallis]

bank	pankki	[paŋkki]
account	tili	[tili]
credit card	luottokortti	[luotto kortti]
check	kuitti	[kujtti]
to write a check	kirjoittaa shekki	[kirʰojtta: ʃekki]
checkbook	sekkivihko	[se:kkiʋihko]

debt	velka	[ʋelka]
debtor	velallinen	[ʋelallinen]
to lend (money)	lainata jollekulle	[lajnata øĺekulle]
to borrow (vi, vt)	lainata joltakulta	[lajnata øłtakulta]

to rent (~ a tuxedo)	vuokrata	[ʋuokrata]
on credit (adv)	luotolla	[luotolla]
wallet	lompakko	[lompakko]
safe	kassakaappi	[kassaka:ppi]
inheritance	perintö	[perintø]
fortune (wealth)	omaisuus	[omajsu:s]

tax	vero	[ʋero]
fine	sakko	[sakko]
to fine (vt)	sakottaa	[sakotta:]

wholesale (adj)	tukku-	[tukku]
retail (adj)	vähittäis-	[ʋæhittæjs]
to insure (vt)	vakuuttaa	[ʋaku:tta:]
insurance	vakuutus	[ʋaku:tus]
capital	pääoma	[pæ:oma]
turnover	kierto	[kierto]

stock (share)	osake	[osake]
profit	voitto	[ʋojtto]
profitable (adj)	edullinen	[edullinen]

crisis	kriisi	[kri:isi]
bankruptcy	vararikko	[ʋararikko]
to go bankrupt	tehdä vararikko	[tehdæ ʋararikko]

accountant	kirjanpitäjä	[kirʰjanpitæjæ]
salary	palkka	[palkka]
bonus (money)	palkinto	[palkinto]

10. Transportation

bus	bussi	[bussi]
streetcar	raitiovaunu	[rajtioʋaunu]
trolley bus	johdinauto	[øhdin auto]

to go by ...	mennä ...	[menjæ]
to get on (~ the bus)	nousta	[nousta]
to get off ...	astua ulos	[astua ulos]

stop (e.g., bus ~)	pysäkki	[pysækki]
terminus	viimeinen pysäkki	[ʋi:imejnen pysækki]
schedule	aikataulu	[ajkataulu]
ticket	lippu	[lippu]
to be late (for ...)	myöhästyä	[myøħæstyæ]

taxi, cab	taksi	[taksi]
by taxi	taksilla	[taksilla]
taxi stand	taksiasema	[taksiasema]

traffic	katuliikenne	[katuli:ikeŋe]
rush hour	ruuhka-aika	[ru:hka ajka]
to park (vi)	pysäköidä	[pysækøjdæ]

subway	metro	[metro]
station	asema	[asema]
train	juna	[juna]
train station	rautatieasema	[rautatieasema]
rails	ratakiskot	[ratakiskot]
compartment	vaununosasto	[ʋaunun osasto]
berth	vuode	[ʋuode]

airplane	lentokone	[lentokone]
air ticket	lentolippu	[lentolippu]
airline	lentoyhtiö	[lentoyhtiø]
airport	lentoasema	[lentoasema]
flight (act of flying)	lento	[lento]
luggage	matkatavarat	[matkataʋarat]

luggage cart	matkatavarakärryt	[matkatauarat kærryt]
ship	laiva	[lɑjuɑ]
cruise ship	risteilijä	[ristejlijæ]
yacht	pursi	[pursi]
boat (flat-bottomed ~)	jolla	[øllɑ]

captain	kapteeni	[kɑpte:ni]
cabin	hytti	[hytti]
port (harbor)	satama	[sɑtɑmɑ]

bicycle	polkupyörä	[polkupyøræ]
scooter	skootteri	[sko:tteri]
motorcycle, bike	moottoripyörä	[mo:ttori pyøræ]
pedal	poljin	[polʰjɪn]
pump	pumppu	[pumppu]
wheel	pyörä	[pyøræ]

automobile, car	auto	[ɑuto]
ambulance	ambulanssi	[ɑmbulɑnssi]
truck	kuorma-auto	[kuormɑ ɑuto]
used (adj)	käytetty	[kæutetty]
car crash	vaurio	[uɑurio]
repair	korjaus	[korʰjɑus]

11. Food. Part 1

meat	liha	[lihɑ]
chicken	kana	[kɑnɑ]
duck	ankka	[ɑŋkkɑ]

pork	sianliha	[siɑn lihɑ]
veal	vasikanliha	[uɑsikɑn lihɑ]
lamb	lampaanliha	[lɑmpɑ:n lihɑ]
beef	naudanliha	[nɑudɑn lihɑ]

sausage (bologna, pepperoni, etc.)	makkara	[mɑkkɑrɑ]
egg	muna	[munɑ]
fish	kala	[kɑlɑ]
cheese	juusto	[ju:sto]
sugar	sokeri	[sokeri]
salt	suola	[suolɑ]

rice	riisi	[ri:isi]
pasta	makaronit	[mɑkɑronit]
butter	voi	[uoj]
vegetable oil	kasviöljy	[kɑsui ølʰy]
bread	leipä	[lejpæ]
chocolate (n)	suklaa	[suklɑ:]
wine	viini	[ui:ini]

coffee	kahvi	[kɑhʋi]
milk	maito	[mɑjto]
juice	mehu	[mehu]
beer	olut	[olut]
tea	tee	[te:]

tomato	tomaatti	[tomɑ:tti]
cucumber	kurkku	[kurkku]
carrot	porkkana	[porkkɑnɑ]
potato	peruna	[perunɑ]
onion	sipuli	[sipuli]
garlic	valkosipuli	[ʋɑlko sipuli]

cabbage	kaali	[kɑ:li]
beetroot	punajuuri	[punɑju:ri]
eggplant	munakoiso	[munɑkojso]
dill	tilli	[tilli]
lettuce	salaatti	[sɑlɑ:tti]
corn (maize)	maissi	[mɑjssi]

fruit	hedelmä	[hedelmæ]
apple	omena	[omenɑ]
pear	päärynä	[pæ:ryɲæ]
lemon	sitruuna	[situ:nɑ]
orange	appelsiini	[ɑppelsi:ini]
strawberry	mansikka	[mɑnsikkɑ]

plum	luumu	[lu:mu]
raspberry	vadelma	[ʋɑdelmɑ]
pineapple	ananas	[ɑnɑnɑs]
banana	banaani	[bɑnɑ:ni]
watermelon	vesimeloni	[ʋesi meloni]
grape	viinirypäleet	[ʋi:inirypæle:t]
melon	meloni	[meloni]

12. Food. Part 2

cuisine	keittiö	[kejttiø]
recipe	resepti	[resepti]
food	ruoka	[ruokɑ]

to have breakfast	syödä aamiaista	[syødæ ɑ:miɑjstɑ]
to have lunch	syödä päivällistä	[syødæ pæjuællistæ]
to have dinner	illastaa	[illɑstɑ:]

taste, flavor	maku	[mɑku]
tasty (adj)	maukas	[mɑukɑs]
cold (adj)	kylmä	[kylmæ]
hot (adj)	kuuma	[ku:mɑ]
sweet (sugary)	makea	[mɑkeɑ]

salty (adj)	suolainen	[suolɑjnen]
sandwich (bread)	voileipä	[ʋoj lejpæ]
side dish	lisäke	[lisæke]
filling (for cake, pie)	täyte	[tæyte]
sauce	kastike	[kɑstike]
piece (of cake, pie)	pala	[pɑlɑ]

diet	dieetti	[die:ti]
vitamin	vitamiini	[ʋitɑmi:ini]
calorie	kalori	[kɑlori]
vegetarian (n)	kasvissyöjä	[kɑsʋissyøjæ]

restaurant	ravintola	[rɑʋintolɑ]
coffee house	kahvila	[kɑhʋilɑ]
appetite	ruokahalu	[ruokɑhɑlu]
Enjoy your meal!	Hyvää ruokahalua!	[hyʋæ: ruokɑhɑluɑ]

waiter	tarjoilija	[tarʰøjlijɑ]
waitress	tarjoilijatar	[tarʰøjlijɑtɑr]
bartender	baarimestari	[bɑ:rimestɑri]
menu	ruokalista	[ruokɑ listɑ]

spoon	lusikka	[lusikkɑ]
knife	veitsi	[ʋejtsi]
fork	haarukka	[hɑ:rukkɑ]
cup (e.g., coffee ~)	kuppi	[kuppi]
plate (dinner ~)	lautanen	[lɑutɑnen]
saucer	teevati	[te:ʋɑti]
napkin (on table)	lautasliina	[lɑutɑsli:inɑ]
toothpick	hammastikku	[hɑmmɑs tikku]

to order (meal)	tilata	[tilɑtɑ]
course, dish	ruoka	[ruokɑ]
portion	annos	[ɑŋos]
appetizer	alkupalat	[ɑlkupɑlɑt]
salad	salaatti	[sɑlɑ:tti]
soup	keitto	[kejtto]

dessert	jälkiruoka	[jælkiruokɑ]
whole fruit jam	hillo	[hillo]
ice-cream	jäätelö	[jæ:telø]

check	lasku	[lɑsku]
to pay the check	maksaa lasku	[mɑksɑ: lɑsku]
tip	juomaraha	[juomɑrɑhɑ]

13. House. Apartment. Part 1

| house | koti | [koti] |
| country house | maatalo | [mɑ:tɑlo] |

villa (seaside ~)	huvila	[huʋila]
floor, story	kerros	[kerros]
entrance	rappu	[rappu]
wall	seinä	[sejnæ]
roof	katto	[katto]
chimney	savupiippu	[saʋupi:ippu]
attic (storage place)	ullakko	[ullakko]

window	ikkuna	[ikkuna]
window ledge	ikkunalauta	[ikkuna lauta]
balcony	parveke	[parʋeke]

stairs (stairway)	portaat	[porta:t]
mailbox	postilaatikko	[postila:tikko]
garbage can	roskis	[roskis]
elevator	hissi	[hissi]

electricity	sähkö	[sæhkø]
light bulb	lamppu	[lamppu]
switch	kytkin	[kytkin]
wall socket	pistorasia	[pistorasia]
fuse	suojalaite	[suojalajte]

door	ovi	[oʋi]
handle, doorknob	kahva	[kahʋa]
key	avain	[aʋajn]
doormat	matto	[matto]

door lock	lukko	[lukko]
doorbell	ovikello	[oʋikello]
knock (at the door)	koputus	[koputus]
to knock (vi)	koputtaa	[koputta:]
peephole	ovisilmä	[oʋisilmæ]

yard	piha	[piha]
garden	puutarha	[pu:tarha]
swimming pool	uima-allas	[ujma allas]
gym (home gym)	urheiluhalli	[urhejluhalli]
tennis court	tenniskenttä	[teɲis kenttæ]
garage	autotalli	[autotalli]

private property	yksityisomaisuus	[yksityjs omajsu:s]
warning sign	varoituskirjoitus	[ʋarojtus kirʰøjtus]
security	vartio	[ʋartio]
security guard	vartija	[ʋartija]

renovations	remontti	[remontti]
to renovate (vt)	remontoida	[remontoida]
to put in order	panna järjestykseen	[paɲa jærʰjestykse:n]
to paint (~ a wall)	maalata	[ma:lata]
wallpaper	tapetit	[tapetit]
to varnish (vt)	lakata	[lakata]

pipe	putki	[putki]
tools	instrumentti	[instrumentti]
basement	kellari	[kellari]
sewerage (system)	viemäri	[uiemæri]

14. House. Apartment. Part 2

apartment	asunto	[asunto]
room	huone	[huone]
bedroom	makuuhuone	[maku: huone]
dining room	ruokailuhuone	[ruokajlu huone]

living room	vierashuone	[uieras huone]
study (home office)	työhuone	[tyøhuone]
entry room	eteinen	[etejnen]
bathroom (room with a bath or shower)	kylpyhuone	[kylpyhuone]
half bath	vessa	[uessa]

floor	lattia	[lattia]
ceiling	katto	[katto]

to dust (vt)	pyyhkiä pölyt pois	[py:hkiæ pølyt pojs]
vacuum cleaner	pölynimuri	[pølynimuri]
to vacuum (vt)	imuroida	[imurojda]

mop	lattiaharja	[lattiaharʰæ]
dust cloth	rätti	[rætti]
short broom	luuta	[lu:ta]
dustpan	rikkalapio	[rikkalapio]

furniture	huonekalut	[huonekalut]
table	pöytä	[pøytæ]
chair	tuoli	[tuoli]
armchair	nojatuoli	[nojatuoli]

bookcase	kaappi	[ka:ppi]
shelf	hylly	[hylly]
wardrobe	vaatekaappi	[ua:te ka:ppi]

mirror	peili	[pejli]
carpet	matto	[matto]
fireplace	takka	[takka]
drapes	kaihtimet	[kajhtimet]
table lamp	pöytälamppu	[pøytæ lamppu]
chandelier	kattokruunu	[kattokru:nu]

kitchen	keittiö	[kejttiø]
gas stove (range)	kaasuliesi	[ka:su liesi]
electric stove	sähköhella	[sæhkø hella]

microwave oven	mikroaaltouuni	[mikro ɑ:lto u:ni]
refrigerator	jääkaappi	[jæ:kɑ:ppi]
freezer	pakastin	[pɑkɑstin]
dishwasher	astianpesukone	[ɑstiɑnpesukone]
faucet	hana	[hɑnɑ]

meat grinder	lihamylly	[lihɑmylly]
juicer	mehunpuristin	[mehun puristin]
toaster	leivänpaahdin	[lejʋæn pɑ:hdin]
mixer	sekoitin	[sekojtin]

coffee machine	kahvinkeitin	[kɑhʋiŋkejtin]
kettle	teepannu	[te:pɑŋu]
teapot	teekannu	[te:kɑŋu]

TV set	televisio	[teleʋisio]
VCR (video recorder)	videonauhuri	[ʋideonɑuhuri]
iron (e.g., steam ~)	silitysrauta	[silitys rɑutɑ]
telephone	puhelin	[puhelin]

15. Professions. Social status

director	johtaja	[øhtɑjɑ]
superior	päällikkö	[pæ:likkø]
president	presidentti	[presidentti]
assistant	apulainen	[ɑpulɑjnen]
secretary	sihteeri	[sihte:ri]

owner, proprietor	omistaja	[omistɑjɑ]
partner	partneri	[pɑrtneri]
stockholder	osakkeenomistaja	[osɑkke:n omistɑæ]

businessman	liikemies	[li:ikemies]
millionaire	miljonääri	[milʰønæ:ri]
billionaire	miljardööri	[milʰærdø:ri]

actor	näyttelijä	[næyttelijæ]
architect	arkkitehti	[ɑrkkitehti]
banker	pankkiiri	[pɑŋkki:iri]
broker	välittäjä	[ʋælittæjæ]

veterinarian	eläinlääkäri	[eʎæjn læ:kɑri]
doctor	lääkäri	[læ:kæri]
chambermaid	sisäkkö	[sisækkø]
designer	muotoilija	[muotojlijɑ]
correspondent	kirjeenvaihtaja	[kirʰje:n ʋɑjhtɑjɑ]
delivery man	lähetti	[ʎæhetti]

| electrician | sähkömies | [sæhkømies] |
| musician | muusikko | [mu:sikko] |

babysitter	lastenhoitaja	[lasten hojtaja]
hairdresser	parturi	[parturi]
herder, shepherd	paimen	[pajmen]

singer (masc.)	laulaja	[laulaja]
translator	kääntäjä	[kæːntæjæ]
writer	kirjailija	[kirʰjajlija]
carpenter	kirvesmies	[kiruesmies]
cook	kokki	[kokki]

fireman	palomies	[palomies]
police officer	poliisi	[poliːisi]
mailman	postinkantaja	[postin kantaja]
programmer	ohjelmoija	[ohʰjelmoja]
salesman (store staff)	myyjä	[myːjæ]

worker	työläinen	[tyøʎæjnen]
gardener	puutarhuri	[puːtarhuri]
plumber	putkimies	[putkimies]
dentist	hammaslääkäri	[hammas læːkæri]
flight attendant (fem.)	lentoemäntä	[lentoemæntæ]

dancer (masc.)	tanssija	[tanssija]
bodyguard	henkivartija	[heŋkiuartija]
scientist	tiedemies	[tiedemies]
schoolteacher	opettaja	[opettaja]

farmer	farmari	[farmari]
surgeon	kirurgi	[kirurgi]
miner	kaivosmies	[kajuosmies]
chef (kitchen chef)	keittiömestari	[kejttiø mestari]
driver	kuljettaja	[kuʎættaja]

16. Sport

kind of sports	urheilulaji	[urhejlulajı]
soccer	jalkapallo	[jalka pallo]
hockey	jääkiekko	[jæːkækko]
basketball	koripallo	[koripallo]
baseball	pesäpallo	[pesæpallo]

volleyball	lentopallo	[lento pallo]
boxing	nyrkkeily	[nyrkkejly]
wrestling	taistelu	[tajstelu]
tennis	tennis	[teŋis]
swimming	uinti	[ujnti]

chess	šakki	[ʃakki]
running	juoksu	[juoksu]
athletics	yleisurheilu	[ylejsurhejlu]

figure skating	taitoluistelu	[tajto lujstelu]
cycling	pyöräily	[pyøræjly]
billiards	biljardi	[bilʰjardi]
bodybuilding	kehonrakennus	[kehonrakeŋus]
golf	golf	[goʌf]
scuba diving	sukellus	[sukellus]
sailing	purjehdus	[purʰjehdus]
archery	jousiammunta	[øusiam munta]
period, half	puoliaika	[puoliajka]
half-time	tauko	[tauko]
tie	tasapeli	[tasapeli]
to tie (vi)	pelata tasan	[pelata tasan]
treadmill	juoksurata	[juoksurata]
player	pelaaja	[pela:ja]
substitute	varamies	[uaramies]
substitutes bench	varamiespenkki	[uaramies peŋkki]
match	matsi	[matsi]
goal	maali	[ma:li]
goalkeeper	maalivahti	[ma:liuahti]
goal (score)	maali	[ma:li]
Olympic Games	Olympiakisat	[olympia kisat]
to set a record	saavuttaa ennätys	[sa:uutta: eŋætys]
final	loppuottelu	[loppuottelu]
champion	mestari	[mestari]
championship	mestaruuskilpailut	[mestaru:s kilpajlut]
winner	voittaja	[uojttaja]
victory	voitto	[uojtto]
to win (vi)	voittaa	[uojtta:]
to lose (not win)	hävitä	[hæuitæ]
medal	mitali	[mitali]
first place	ensimmäinen sija	[ensimmæjnen sija]
second place	toinen sija	[tojnen sija]
third place	kolmas sija	[kolmas sija]
stadium	stadion	[stadion]
fan, supporter	penkkiurheilija	[peŋkki urhejlija]
trainer, coach	valmentaja	[ualmentaja]
training	valmennus	[ualmeŋus]

17. Foreign languages. Orthography

language	kieli	[kieli]
to study (vt)	opiskella	[opiskella]

pronunciation	**ääntäminen**	[æ:ntæminen]
accent	**korostus**	[korostus]
noun	**substantiivi**	[substanti:iʋi]
adjective	**adjektiivi**	[adjekti:iʋi]
verb	**verbi**	[ʋerbi]
adverb	**adverbi**	[adʋerbi]
pronoun	**pronomini**	[pronomini]
interjection	**interjektio**	[interʰjektio]
preposition	**prepositio**	[prepositio]
root	**sanan kanta**	[sanan kanta]
ending	**pääte**	[pæ:te]
prefix	**etuliite**	[etuli:ite]
syllable	**tavu**	[taʋu]
suffix	**johdin**	[øhdin]
stress mark	**paino**	[pajno]
period, dot	**piste**	[piste]
comma	**pilkku**	[pilkku]
colon	**kaksoispiste**	[kaksojspiste]
ellipsis	**pisteryhmä**	[pisteryhmæ]
question	**kysymys**	[kysymys]
question mark	**kysymysmerkki**	[kysymys merkki]
exclamation point	**huutomerkki**	[hu:tomerkki]
in quotation marks	**lainausmerkeissä**	[lajnaus merkejssæ]
in parenthesis	**sulkumerkeissä**	[sulkumerkejssæ]
letter	**kirjain**	[kirʰjajn]
capital letter	**iso kirjain**	[iso kirʰjajn]
sentence	**lause**	[lause]
group of words	**sanaliitto**	[sana li:itto]
expression	**ilmaisu**	[ilmajsu]
subject	**subjekti**	[subʰjekti]
predicate	**predikaatti**	[predika:tti]
line	**rivi**	[riʋi]
paragraph	**kappale**	[kappale]
synonym	**synonyymi**	[synony:mi]
antonym	**antonyymi**	[antony:mi]
exception	**poikkeus**	[pojkkeus]
to underline (vt)	**alleviivata**	[alleʋi:iʋata]
rules	**säännöt**	[sæ:ŋøt]
grammar	**kielioppi**	[kielioppi]
vocabulary	**sanasto**	[sanasto]
phonetics	**äänneoppi**	[æ:ŋeoppi]
alphabet	**aakkoset**	[a:kkoset]

textbook	oppikirja	[oppikir^hja]
dictionary	sanakirja	[sanakir^hja]
phrasebook	fraasisanakirja	[fra:si sanakir'a]

word	sana	[sana]
meaning	merkitys	[merkitys]
memory	muisti	[mujsti]

18. The Earth. Geography

the Earth	Maa	[ma:]
the globe (the Earth)	maapallo	[ma:pallo]
planet	planeetta	[plane:tta]

geography	maantiede	[ma:ntiede]
nature	luonto	[luonto]
map	kartta	[kartta]
atlas	atlas	[atlas]

in the north	pohjoisessa	[poh^højsessa]
in the south	etelässä	[eteʌæssæ]
in the west	lännessä	[ʌæŋessæ]
in the east	idässä	[idæssæ]

sea	meri	[meri]
ocean	valtameri	[ualtameri]
gulf (bay)	lahti	[lahti]
straits	salmi	[salmi]

continent (mainland)	manner	[maŋer]
island	saari	[sa:ri]
peninsula	niemimaa	[niemima:]
archipelago	saaristo	[sa:risto]

harbor	satama	[satama]
coral reef	koralliriutta	[koralli riutta]
shore	merenranta	[merenranta]
coast	rannikko	[raŋikko]

flow (flood tide)	vuoksi	[uuoksi]
ebb (ebb tide)	pakovesi	[pakouesi]

latitude	leveys	[leueys]
longitude	pituus	[pitu:s]
parallel	leveyspiiri	[leueyspi:iri]
equator	päiväntasaaja	[pæjuæntasa:ja]

sky	taivas	[tajuas]
horizon	taivaanranta	[tajua:nranta]
atmosphere	ilmakehä	[ilmakeɦæ]

mountain	vuori	[ʋuori]
summit, top	huippu	[hujppu]
cliff	kallio	[kallio]
hill	mäki	[mæki]

volcano	tulivuori	[tuliʋuori]
glacier	jäätikkö	[jæːtikkø]
waterfall	vesiputous	[ʋesiputous]
plain	tasanko	[tasaŋko]

river	joki	[øki]
spring (natural source)	lähde	[ʎæhde]
bank (of river)	ranta	[ranta]
downstream (adv)	myötävirtaan	[myøtæʋirtaːn]
upstream (adv)	ylävirtaan	[yʎæʋirtaːn]

lake	järvi	[jærʋi]
dam	pato	[pato]
canal	kanava	[kanaʋa]
swamp (marshland)	suo	[suo]
ice	jää	[jæː]

19. Countries of the world. Part 1

Europe	Eurooppa	[euroːppa]
European Union	Euroopan unioni	[euroːpan unioni]
European (n)	eurooppalainen	[euroːppalajnen]
European (adj)	eurooppalainen	[euroːppalajnen]

Austria	Itävalta	[itæʋalta]
Great Britain	Iso-Britannia	[isobritaŋia]
England	Englanti	[eŋlanti]
Belgium	Belgia	[belgia]
Germany	Saksa	[saksa]

Netherlands	Alankomaat	[alaŋkomaːt]
Holland	Hollanti	[hollanti]
Greece	Kreikka	[krejkka]
Denmark	Tanska	[tanska]
Ireland	Irlanti	[irlanti]

Iceland	Islanti	[islanti]
Spain	Espanja	[espanʰja]
Italy	Italia	[italia]
Cyprus	Kypros	[kypros]
Malta	Malta	[malta]

Norway	Norja	[norʰja]
Portugal	Portugali	[portugali]
Finland	Suomi	[suomi]

| France | Ranska | [ranska] |
| Sweden | Ruotsi | [ruotsi] |

Switzerland	Sveitsi	[sʋejtsi]
Scotland	Skotlanti	[skotlanti]
Vatican	Vatikaanivaltio	[ʋatikɑːni ʋaltio]
Liechtenstein	Liechtenstein	[lihtenʃtajn]
Luxembourg	Luxemburg	[lyksemburg]

Monaco	Monaco	[monako]
Albania	Albania	[albania]
Bulgaria	Bulgaria	[bulgaria]
Hungary	Unkari	[uŋkari]
Latvia	Latvia	[latʋia]

Lithuania	Liettua	[liettua]
Poland	Puola	[puola]
Romania	Romania	[romania]
Serbia	Serbia	[serbia]
Slovakia	Slovakia	[sloʋakia]

Croatia	Kroatia	[kroatia]
Czech Republic	Tšekki	[tʃekki]
Estonia	Viro	[ʋiro]
Bosnia and Herzegovina	Bosnia ja Hertsegovina	[bosnia ja hertsegoʋina]
Macedonia (Republic of ~)	Makedonia	[makedonia]

Slovenia	Slovenia	[sloʋenia]
Montenegro	Montenegro	[monte negro]
Belarus	Valko-Venäjä	[ʋalko ʋeɲæjæ]
Moldova, Moldavia	Moldova	[moldoʋa]
Russia	Venäjä	[ʋeɲæjæ]
Ukraine	Ukraina	[ukraina]

20. Countries of the world. Part 2

Asia	Aasia	[ɑːsia]
Vietnam	Vietnam	[ʋjetnam]
India	Intia	[intia]
Israel	Israel	[israel]
China	Kiina	[kiːina]

Lebanon	Libanon	[libanon]
Mongolia	Mongolia	[moɲolia]
Malaysia	Malesia	[malesia]
Pakistan	Pakistan	[pakistan]
Saudi Arabia	Saudi-Arabia	[saudi arabia]

| Thailand | Thaimaa | [thajmaː] |
| Taiwan | Taiwan | [tajʋan] |

Turkey	Turkki	[turkki]
Japan	Japani	[japani]
Afghanistan	Afganistan	[afganistan]

Bangladesh	Bangladesh	[baŋladeʃ]
Indonesia	Indonesia	[indonesia]
Jordan	Jordania	[ørdania]
Iraq	Irak	[irak]
Iran	Iran	[iran]

Cambodia	Kambodža	[kambodʒa]
Kuwait	Kuwait	[kuʋajt]
Laos	Laos	[laos]
Myanmar	Myanmar	[myanmar]
Nepal	Nepal	[nepal]

United Arab Emirates	Arabiemiirikuntien liitto	[arabi emi:iri kuntien li:itto]
Syria	Syyria	[sy:ria]
Palestine	Palestiinalaishallinto	[palesti:inalajs hallinto]
South Korea	Etelä-Korea	[eteʎæ korea]
North Korea	Pohjois-Korea	[pohʰøjs korea]

United States of America	Yhdysvallat	[yhdys ʋallat]
Canada	Kanada	[kanada]
Mexico	Meksiko	[meksiko]
Argentina	Argentiina	[argenti:ina]
Brazil	Brasilia	[brasilia]

Colombia	Kolumbia	[kolumbia]
Cuba	Kuuba	[ku:ba]
Chile	Chile	[tʃile]
Venezuela	Venezuela	[ʋenezuela]
Ecuador	Ecuador	[ekuador]

The Bahamas	Bahama	[bahama]
Panama	Panama	[panama]
Egypt	Egypti	[egypti]
Morocco	Marokko	[marokko]
Tunisia	Tunisia	[tunisia]

Kenya	Kenia	[kenia]
Libya	Libya	[libya]
South Africa	Etelä-Afrikka	[eteʎæ afrikka]
Australia	Australia	[australia]
New Zealand	Uusi-Seelanti	[u:si se:lanti]

21. Weather. Natural disasters

| weather | sää | [sæ:] |
| weather forecast | sääennuste | [sæ:eŋuste] |

temperature	lämpötila	[ʎæmpøtila]
thermometer	lämpömittari	[ʎæmpømittari]
barometer	ilmapuntari	[ilmapuntari]

sun	aurinko	[auriŋko]
to shine (vi)	paistaa	[pajstɑ:]
sunny (day)	aurinkoinen	[auriŋkojnen]
to come up (vi)	nousta	[nousta]
to set (vi)	laskea	[laskea]

rain	sade	[sade]
it's raining	sataa vettä	[sata: ʋettæ]
pouring rain	kaatosade	[ka:tosade]
rain cloud	pilvi	[pilʋi]
puddle	lätäkkö	[ʎætækkø]
to get wet (in rain)	kastua	[kastua]

thunderstorm	ukkonen	[ukkonen]
lightning (~ strike)	salama	[salama]
to flash (vi)	kimaltaa	[kimalta:]
thunder	ukkonen	[ukkonen]
it's thundering	ukkonen jyrisee	[ukkonen yrise:]
hail	raesade	[raesade]
it's hailing	sataa rakeita	[sata: rakejta]

heat (extreme ~)	helle	[helle]
it's hot	on kuumaa	[on ku:ma:]
it's warm	on lämmintä	[on ʎæmmintæ]
it's cold	on kylmää	[on kylmæ:]

fog (mist)	sumu	[sumu]
foggy	sumuinen	[sumujnen]
cloud	pilvi	[pilʋi]
cloudy (adj)	pilvinen	[pilʋinen]
humidity	kosteus	[kosteus]

snow	lumi	[lumi]
it's snowing	sataa lunta	[sata: lunta]
frost (severe ~, freezing cold)	pakkanen	[pakkanen]
below zero (adv)	nollan alapuolella	[nollan alapuolella]
hoarfrost	huurre	[hu:rre]

bad weather	koiran ilma	[kojran ilma]
disaster	katastrofi	[katastrofi]
flood, inundation	tulva	[tulʋa]
avalanche	lumivyöry	[lumiʋyøry]
earthquake	maanjäristys	[ma:njaristys]

tremor, quake	maantärähdys	[ma:ntæræhdys]
epicenter	keskus	[keskus]
eruption	purkaus	[purkaus]

lava	laava	[laːʋa]
tornado	tornado	[tornado]
twister	pyörre	[pyørre]
hurricane	hirmumyrsky	[hirmumyrsky]
tsunami	tsunami	[tsunami]
cyclone	sykloni	[sykloni]

22. Animals. Part 1

| animal | eläin | [eʎæjn] |
| predator | peto | [peto] |

tiger	tiikeri	[tiːikeri]
lion	leijona	[leiøna]
wolf	susi	[susi]
fox	kettu	[kettu]
jaguar	jaguaari	[jaguaːri]

lynx	ilves	[ilʋes]
coyote	kojootti	[koøːtti]
jackal	sakaali	[sakaːli]
hyena	hyeena	[hyeːna]

squirrel	orava	[oraʋa]
hedgehog	siili	[siːili]
rabbit	kaniini	[kaniːini]
raccoon	pesukarhu	[pesukarhu]

hamster	hamsteri	[hamsteri]
mole	maamyyrä	[maːmyːræ]
mouse	hiiri	[hiːiri]
rat	rotta	[rotta]
bat	lepakko	[lepakko]

beaver	majava	[majaʋa]
horse	hevonen	[heʋonen]
deer	poro	[poro]
camel	kameli	[kameli]
zebra	seepra	[seːpra]

whale	valas	[ʋalas]
seal	hylje	[hylʰje]
walrus	mursu	[mursu]
dolphin	delfiini	[delfiːini]

bear	karhu	[karhu]
monkey	apina	[apina]
elephant	norsu	[norsu]
rhinoceros	sarvikuono	[sarʋikuono]
giraffe	kirahvi	[kirahʋi]

hippopotamus	virtahepo	[ʋirta hepo]
kangaroo	kenguru	[keŋuru]
cat	kissa	[kissɑ]
dog	koira	[kojrɑ]

cow	lehmä	[lehmæ]
bull	sonni	[soŋi]
sheep (ewe)	lammas	[lammɑs]
goat	vuohi	[ʋuohi]

donkey	aasi	[ɑːsi]
pig, hog	sika	[sikɑ]
hen (chicken)	kana	[kɑnɑ]
rooster	kukko	[kukko]

duck	ankka	[ɑŋkkɑ]
goose	hanhi	[hɑnhi]
turkey (hen)	naaraskalkkuna	[nɑːrɑskɑlkkunɑ]
sheepdog	paimenkoira	[pɑjmeŋkojrɑ]

23. Animals. Part 2

bird	lintu	[lintu]
pigeon	kyyhky	[kyːhky]
sparrow	varpunen	[ʋɑrpunen]
tit	tiainen	[tiɑjnen]
magpie	harakka	[hɑrɑkkɑ]

eagle	kotka	[kotkɑ]
hawk	haukka	[hɑukkɑ]
falcon	haukka	[hɑukkɑ]

swan	joutsen	[øutsen]
crane	kurki	[kurki]
stork	haikara	[hɑjkɑrɑ]
parrot	papukaija	[pɑpukɑijɑ]
peacock	riikinkukko	[riːikiŋkukko]
ostrich	strutsi	[strutsi]

heron	haikara	[hɑjkɑrɑ]
nightingale	satakieli	[sɑtɑkieli]
swallow	pääskynen	[pæːskynen]
woodpecker	tikka	[tikkɑ]
cuckoo	käki	[kæki]
owl	pöllö	[pøllø]

penguin	pingviini	[piŋʋiːini]
tuna	tonnikala	[toŋikɑlɑ]
trout	lohi	[lohi]
eel	ankerias	[ɑŋkeriɑs]

shark	hai	[hɑj]
crab	taskurapu	[tɑskurɑpu]
jellyfish	meduusa	[medu:sɑ]
octopus	meritursas	[meritursɑs]

starfish	meritähti	[meritæhti]
sea urchin	merisiili	[merisi:ili]
seahorse	merihevonen	[merihevonen]
shrimp	katkarapu	[kɑtkɑrɑpu]

snake	käärme	[kæ:rme]
viper	kyy	[ky:]
lizard	sisilisko	[sisilisko]
iguana	iguaani	[iguɑ:ni]
chameleon	kameleontti	[kɑmeleontti]
scorpion	skorpioni	[skorpioni]

turtle	kilpikonna	[kilpikoŋɑ]
frog	sammakko	[sɑmmɑkko]
crocodile	krokotiili	[krokoti:ili]

insect, bug	hyönteinen	[hyøntejnen]
butterfly	perhonen	[perhonen]
ant	muurahainen	[mu:rɑhɑjnen]
fly	kärpänen	[kærpænen]

mosquito	hyttynen	[hyttynen]
beetle	kovakuoriainen	[kovɑkuoriɑjnen]
bee	mehiläinen	[mehiʌæjnen]
spider	hämähäkki	[hæmæɦækki]

24. Trees. Plants

tree	puu	[pu:]
birch	koivu	[kojʊu]
oak	tammi	[tɑmmi]
linden tree	lehmus	[lehmus]
aspen	haapa	[hɑ:pɑ]

maple	vaahtera	[vɑ:htera]
spruce	kuusi	[ku:si]
pine	mänty	[mænty]
cedar	setri	[setri]

poplar	poppeli	[poppeli]
rowan	pihlaja	[pihlɑjɑ]
beech	pyökki	[pyøkki]
elm	jalava	[jɑlɑvɑ]
ash (tree)	saarni	[sɑ:rni]
chestnut	kastanja	[kɑstɑnʰjɑ]

palm tree	palmu	[palmu]
bush	pensas	[pensas]

mushroom	sieni	[sieni]
poisonous mushroom	myrkkysieni	[myrkkysieni]
cep (Boletus edulis)	herkkutatti	[herkkutatti]
russula	hapero	[hapero]
fly agaric	kärpässieni	[kærpæssieni]
death cap	myrkkysieni	[myrkkysieni]

flower	kukka	[kukka]
bouquet (of flowers)	kukkakimppu	[kukkakimppu]
rose (flower)	ruusu	[ru:su]
tulip	tulppani	[tulppani]
carnation	neilikka	[nejlikka]

camomile	päivänkakkara	[pæjʋæn kakkara]
cactus	kaktus	[kaktus]
lily of the valley	kielo	[kielo]
snowdrop	lumikello	[lumikello]
water lily	lumme	[lumme]

greenhouse (tropical ~)	ansari	[ansari]
lawn	nurmikko	[nurmikko]
flowerbed	kukkapenkki	[kukka peŋkki]

plant	kasvi	[kasʋi]
grass	ruoho	[ruoho]
leaf	lehti	[lehti]
petal	terälehti	[teræ lehti]
stem	varsi	[ʋarsi]
young plant (shoot)	itu	[itu]

cereal crops	viljat	[ʋilʰjat]
wheat	vehnä	[ʋehŋæ]
rye	ruis	[rujs]
oats	kaura	[kaura]

millet	hirssi	[hirssi]
barley	ohra	[ohra]
corn	maissi	[majssi]
rice	riisi	[ri:isi]

25. Various useful words

balance (of situation)	tase	[tase]
base (basis)	pohja	[pohʰja]
beginning	alku	[alku]
category	kategoria	[kategoria]
choice	valikoima	[ʋali kojma]

coincidence	yhteensattuma	[yhte:nsɑttumɑ]
comparison	vertailu	[vertɑjlu]
degree (extent, amount)	aste	[ɑste]

development	kehitys	[kehitys]
difference	erotus	[erotus]
effect (e.g., of drugs)	teho	[teho]
effort (exertion)	ponnistus	[ponjistus]

element	aines	[ɑjnes]
example (illustration)	esimerkki	[esimerkki]
fact	tosiasia	[tosiɑsiɑ]
help	apu	[ɑpu]

ideal	ihanne	[ihɑŋe]
kind (sort, type)	laji	[lɑjı]
mistake, error	erehdys	[erehdys]
moment	hetki	[hetki]

obstacle	este	[este]
part (~ of sth)	osa	[osɑ]
pause (break)	tauko	[tɑuko]
position	asema	[ɑsemɑ]

problem	ongelma	[oŋelmɑ]
process	prosessi	[prosessi]
progress	edistys	[edistys]
property (quality)	ominaisuus	[ominɑjsu:s]

reaction	reaktio	[reɑktio]
risk	riski	[riski]
secret	salaisuus	[sɑlɑjsu:s]
series	sarja	[sɑrʰjɑ]

shape (outer form)	muoto	[muoto]
situation	tilanne	[tilɑŋe]
solution	ratkaisu	[rɑtkɑjsu]
standard (adj)	standardi-	[stɑndɑrdi]

stop (pause)	väliaika	[uæliɑjkɑ]
style	tyyli	[ty:li]
system	järjestelmä	[jærʰjestelmæ]
table (chart)	taulukko	[tɑulukko]
tempo, rate	tempo	[tempo]

term (word, expression)	termi	[termi]
truth (e.g., moment of ~)	tosiasia	[tosiɑsiɑ]
turn (please wait your ~)	vuoro	[uuoro]
urgent (adj)	pikainen	[pikɑjnen]
utility (usefulness)	hyöty	[hyøty]
variant (alternative)	toisinto	[tojsinto]

| way (means, method) | keino | [kejno] |
| zone | vyöhyke | [ʋyøhyke] |

26. Modifiers. Adjectives. Part 1

additional (adj)	lisä-	[lisæ]
ancient (~ civilization)	muinainen	[mujnɑjnen]
artificial (adj)	keinotekoinen	[kejnotekojnen]
bad (adj)	huono	[huono]
beautiful (person)	kaunis	[kɑunis]

big (in size)	iso	[iso]
bitter (taste)	karvas	[kɑrʋɑs]
blind (sightless)	sokea	[sokeɑ]
central (adj)	keskeinen	[keskejnen]

children's (adj)	lasten-	[lɑsten]
clandestine (secret)	maanalainen	[mɑ:nɑlɑjnen]
clean (free from dirt)	puhdas	[puhdɑs]
clever (smart)	älykäs	[ælykæs]
compatible (adj)	yhteen sopiva	[yhte:n sopiʋɑ]

contented (satisfied)	tyytyväinen	[ty:tyʋæjnen]
dangerous (adj)	vaarallinen	[ʋɑ:rɑlinen]
dead (not alive)	kuollut	[kuollut]
dense (fog, smoke)	tiivis	[ti:iʋis]
difficult (decision)	vaikea	[ʋɑjkeɑ]

dirty (not clean)	likainen	[likɑjnen]
easy (not difficult)	helppo	[helppo]
empty (glass, room)	tyhjä	[tyhʰjæ]
exact (amount)	tarkka	[tɑrkkɑ]
excellent (adj)	mainio	[mɑjnio]

excessive (adj)	liiallinen	[li:iɑllinen]
exterior (adj)	ulkonainen	[ulkonɑjnen]
fast (quick)	nopea	[nopeɑ]
fertile (land, soil)	hedelmällinen	[hedelmællinen]
fragile (china, glass)	hauras	[hɑurɑs]

free (at no cost)	ilmainen	[ilmɑjnen]
fresh (~ water)	makea	[mɑkeɑ]
frozen (food)	jäädytetty	[jæ:dytetty]
full (completely filled)	täysi	[tæysi]
happy (adj)	onnellinen	[oɲellinen]

hard (not soft)	kova	[koʋɑ]
huge (adj)	valtava	[ʋɑltɑʋɑ]
ill (sick, unwell)	sairas	[sɑjrɑs]
immobile (adj)	liikkumaton	[li:ikkumɑton]

important (adj)	tärkeä	[tærkeæ]
interior (adj)	sisäinen	[sisæjnen]
last (e.g., ~ week)	viime	[ʋiːime]
last (final)	viimeinen	[ʋiːimejnen]
left (e.g., ~ side)	vasen	[ʋɑsen]
legal (legitimate)	laillinen	[lɑːjlinen]

light (in weight)	kevyt	[keʋyt]
liquid (fluid)	nestemäinen	[nestemæønen]
long (e.g., ~ hair)	pitkä	[pitkæ]
loud (voice, etc.)	äänekäs	[æːnekæs]
low (voice)	hiljainen	[hilʰjɑjnen]

27. Modifiers. Adjectives. Part 2

main (principal)	pää-	[pæː]
matt, matte	himmeä	[himmeæ]
mysterious (adj)	arvoituksellinen	[ɑrʋojtuksellinen]
narrow (street, etc.)	kapea	[kɑpeæ]
native (~ country)	kotoinen	[kotojnen]

negative (~ response)	kielteinen	[kieltejnen]
new (adj)	uusi	[uːsi]
next (e.g., ~ week)	seuraava	[seurɑːʋɑ]
normal (adj)	normaalinen	[normɑːlinen]
not difficult (adj)	helppo	[helppo]

obligatory (adj)	pakollinen	[pɑkollinen]
old (house)	vanha	[ʋɑnhɑ]
open (adj)	avoin	[ɑʋojn]
opposite (adj)	vastakkainen	[ʋɑstɑkkɑjnen]
ordinary (usual)	tavallinen	[tɑʋallinen]

original (unusual)	alkuperäinen	[ɑlkuperæjnen]
personal (adj)	yksityinen	[yksityjnen]
polite (adj)	kohtelias	[kohtelias]
poor (not rich)	köyhä	[køyhæ]

possible (adj)	mahdollinen	[mɑhdollinen]
principal (main)	perus-	[perus]
probable (adj)	todennäköinen	[todeŋækøjnen]
prolonged (e.g., ~ applause)	pitkäaikainen	[pitkæ ɑjkɑjnen]
public (open to all)	yhteiskunnallinen	[yhtejskuŋalinen]

rare (adj)	harvinainen	[hɑrʋinɑjnen]
raw (uncooked)	raaka	[rɑːkɑ]
right (not left)	oikeistolainen	[ojkejstolɑjnen]
ripe (fruit)	kypsä	[kypsæ]
risky (adj)	riskialtis	[riskiɑltis]

sad (~ look)	surullinen	[surullinen]
second hand (adj)	käytetty	[kæutetty]
shallow (water)	matala	[matala]
sharp (blade, etc.)	terävä	[teræuæ]

short (in length)	lyhyt	[lyhyt]
similar (adj)	näköinen	[nækøjnen]
small (in size)	pieni	[pæni]
smooth (surface)	sileä	[sileæ]
soft (~ toys)	pehmeä	[pehmeæ]

solid (~ wall)	vahva	[uahua]
sour (flavor, taste)	hapan	[hapan]
spacious (house, etc.)	avara	[auara]
special (adj)	erikoinen	[erikojnen]

straight (line, road)	suora	[suora]
strong (person)	voimakas	[uojmakas]
stupid (foolish)	tyhmä	[tyhmæ]
superb, perfect (adj)	mainio	[majnio]

sweet (sugary)	makea	[makea]
tan (adj)	ruskettunut	[ruskettunut]
tasty (delicious)	maukas	[maukas]
unclear (adj)	epäselvä	[epæseluæ]

28. Verbs. Part 1

to accuse (vt)	syyttää	[sy:ttæ:]
to agree (say yes)	suostua	[suostua]
to announce (vt)	ilmoittaa	[ilmojtta:]
to answer (vi, vt)	vastata	[uastata]
to apologize (vi)	pyytää anteeksi	[py:tæ: ante:ksi]

to arrive (vi)	saapua	[sa:pua]
to ask (~ oneself)	kysyä	[kysyæ]
to be absent	olla poissa	[olla pojssa]
to be afraid	pelätä	[peʎætæ]
to be born	syntyä	[syntyæ]

to be in a hurry	kiirehtiä	[ki:irehtiæ]
to beat (to hit)	lyödä	[lyødæ]
to begin (vt)	alkaa	[alka:]
to believe (in God)	uskoa	[uskoa]
to belong to ...	kuulua	[ku:lua]
to break (split into pieces)	rikkoa	[rikkoa]

to build (vt)	rakentaa	[rakenta:]
to buy (purchase)	ostaa	[osta:]
can (v aux)	voida	[uojda]

| can (v aux) | voida | [ʋojdɑ] |
| to cancel (call off) | peruuttaa | [peru:ttɑ:] |

to catch (vt)	ottaa kiinni	[ottɑ: ki:iŋi]
to change (vt)	muuttaa	[mu:ttɑ:]
to check (to examine)	tarkastaa	[tɑrkɑstɑ:]
to choose (select)	valita	[ʋɑlitɑ]
to clean up (tidy)	siivota	[si:iʋotɑ]

to close (vt)	sulkea	[sulkeɑ]
to compare (vt)	verrata	[ʋerrɑtɑ]
to complain (vi, vt)	valittaa	[ʋɑlittɑ:]
to confirm (vt)	vahvistaa	[ʋɑhʋistɑ:]
to congratulate (vt)	onnitella	[oŋitellɑ]

to cook (dinner)	laittaa ruokaa	[lɑjttɑ: ruokɑ:]
to copy (vt)	kopioida	[kopiojdɑ]
to cost (vt)	maksaa	[mɑksɑ:]
to count (add up)	laskea	[lɑskeɑ]
to count on ...	luottaa	[luottɑ:]

to create (vt)	luoda	[luodɑ]
to cry (weep)	itkeä	[itkeæ]
to dance (vi, vt)	tanssia	[tɑnssiɑ]
to deceive (vi, vt)	pettää	[pettæ:]
to decide (~ to do sth)	päättää	[pæ:ttæ:]

to delete (vt)	poistaa	[pojstɑ:]
to demand (request firmly)	vaatia	[ʋɑ:tiɑ]
to deny (vt)	kieltää	[kjeltæ:]
to depend on ...	riippua	[ri:ippuɑ]
to despise (vt)	halveksia	[hɑlʋeksiɑ]

to die (vi)	kuolla	[kuollɑ]
to dig (vt)	kaivaa	[kɑjʋɑ:]
to disappear (vi)	kadota	[kɑdotɑ]
to discuss (vt)	käsitellä	[kæsiteʎæ]
to disturb (vt)	häiritä	[hæjritæ]

29. Verbs. Part 2

to dive (vi)	sukeltaa	[sukeltɑ:]
to divorce (vi)	erota	[erotɑ]
to do (vt)	tehdä	[tehdæ]
to doubt (have doubts)	epäillä	[epæjʎæ]
to drink (vi, vt)	juoda	[juodɑ]

to drop (let fall)	pudottaa	[pudottɑ:]
to dry (clothes, hair)	kuivata	[kujʋɑtɑ]
to eat (vi, vt)	syödä	[syødæ]

to end (~ a relationship)	lopettaa	[lopetta:]
to excuse (forgive)	antaa anteeksi	[anta: ante:ksi]

to exist (vi)	olla olemassa	[olla olemassa]
to expect (foresee)	nähdä ennakolta	[næhdæ eŋakolta]
to explain (vt)	selittää	[selittæ:]
to fall (vi)	kaatua	[ka:tua]
to fight (street fight, etc.)	tapella	[tapella]
to find (vt)	löytää	[løytæ:]

to finish (vt)	lopettaa	[lopetta:]
to fly (vi)	lentää	[lentæ:]
to forbid (vt)	kieltää	[kjeltæ:]
to forget (vi, vt)	unohtaa	[unohta:]
to forgive (vt)	antaa anteeksi	[anta: ante:ksi]

to get tired	väsyä	[uæsyæ]
to give (vt)	antaa	[anta:]
to go (on foot)	mennä	[menæ]
to hate (vt)	vihata	[uihata]

to have (vt)	omistaa	[omista:]
to have breakfast	syödä aamiaista	[syødæ a:miajsta]
to have dinner	illastaa	[illasta:]
to have lunch	syödä päivällistä	[syødæ pæjuællistæ]

to hear (vt)	kuulla	[ku:lla]
to help (vt)	auttaa	[autta:]
to hide (vt)	piilotella	[pi:ilotella]
to hope (vi, vt)	toivoa	[tojuoa]
to hunt (vi, vt)	metsästää	[metsæstæ:]
to hurry (vi)	kiirehtiä	[ki:irehtiæ]

to insist (vi, vt)	pysyä kannassaan	[pysyæ kaŋassa:n]
to insult (vt)	loukata	[loukata]
to invite (vt)	kutsua	[kutsua]

to joke (vi)	laskea leikkiä	[laskea lejkkiæ]
to keep (vt)	säilyttää	[sæjlyttæ:]

to kill (vt)	murhata	[murhata]
to know (sb)	tuntea	[tuntea]
to know (sth)	tietää	[tietæ:]

to like (I like ...)	pitää	[pitæ:]
to look at ...	katsoa	[katsoa]

to lose (umbrella, etc.)	kadottaa	[kadotta:]
to love (sb)	rakastaa	[rakasta:]
to make a mistake	erehtyä	[erehtyæ]
to meet (vi, vt)	tavata	[tauata]
to miss (school, etc.)	olla poissa	[olla pojssa]

30. Verbs. Part 3

to obey (vi, vt)	alistua	[alistua]
to open (vt)	avata	[avata]
to participate (vi)	osallistua	[osallistua]
to pay (vi, vt)	maksaa	[maksa:]
to permit (vt)	antaa lupa	[anta: lupa]

to play (children)	leikkiä	[lejkkiæ]
to pray (vi, vt)	rukoilla	[rukojlla]
to promise (vt)	luvata	[luvata]
to propose (vt)	ehdottaa	[ehdotta:]
to prove (vt)	todistaa	[todista:]
to read (vi, vt)	lukea	[lukea]

to receive (vt)	saada	[sa:da]
to rent (sth from sb)	vuokrata	[vuokrata]
to repeat (say again)	toistaa	[tojsta:]
to reserve, to book	reservoida	[reservojda]
to run (vi)	juosta	[juosta]

to save (rescue)	pelastaa	[pelasta:]
to say (~ thank you)	sanoa	[sanoa]
to see (vt)	nähdä	[ɲæhdæ]
to sell (vt)	myydä	[my:dæ]
to send (vt)	lähettää	[ʎæhettæ:]
to shoot (vi)	ampua	[ampua]

to shout (vi)	huutaa	[hu:ta:]
to show (vt)	näyttää	[ɲæyttæ:]
to sign (document)	allekirjoittaa	[allekirʰojtta:]
to sing (vi)	laulaa	[laula:]
to sit down (vi)	istua	[istua]

to smile (vi)	hymyillä	[hymyjʎæ]
to speak (vi, vt)	keskustella	[keskustella]
to steal (money, etc.)	varastaa	[varasta:]
to stop (please ~ calling me)	lakata	[lakata]
to study (vt)	oppia	[oppia]

to swim (vi)	uida	[ujda]
to take (vt)	ottaa	[otta:]
to talk to ...	puhua	[puhua]
to tell (story, joke)	kertoa	[kertoa]
to thank (vt)	kiittää	[ki:ittæ:]
to think (vi, vt)	ajatella	[ajatella]

to translate (vt)	kääntää	[kæ:ntæ:]
to trust (vt)	luottaa	[luotta:]
to try (attempt)	yrittää	[yrittæ:]

| to turn (e.g., ~ left) | kääntää | [kæ:ntæ:] |
| to turn off | katkaista | [katkajsta] |

to turn on	sytyttää	[sytyttæ:]
to understand (vt)	ymmärtää	[ymmærtæ:]
to wait (vt)	odottaa	[odotta:]
to want (wish, desire)	haluta	[haluta]
to work (vi)	työskennellä	[tyøskeɲeʎæ]
to write (vt)	kirjoittaa	[kirʰojtta:]